Collection Outils pour les Cycles

Dirigée par Jean-Robert Gagneuil, Inspecteur de l'Éducation Nationale

S'INITIER À L'ÉCRIT AU CYCLE 2

Travail réalisé par :
Mmes L. Balavoine, J. Champion, N. Dausseur, C. Deschamps, C. Hette, K. Viot, J. Zakari
Mlles C. Bettinger, C. Golles, D. Picot, M. Tronchet
Circonscription de Vitry-le-François

sous la conduite de

Françoise PICOT
Inspectrice de l'Éducation Nationale

PAO, composition - infographie - illustrations : Alain LEMAIRE

CDDP Marne

Introduction :
Qu'est-ce qu'un projet d'écriture ?

Au cycle 2, les nouveaux programmes « Qu'apprend-on à l'école élémentaire ? », recommandent de mettre en œuvre des projets d'écriture, ancrés dans des situations de communication véritables.

Trois composantes pour un projet d'écriture :

◆ Projet pédagogique de l'enseignant

- Analyse des caractéristiques du texte à produire.
- Choix des objectifs, inventaire et préparation des activités possibles.
- Élaboration d'une grille d'évaluation.

◆ Projet de production et activités des élèves

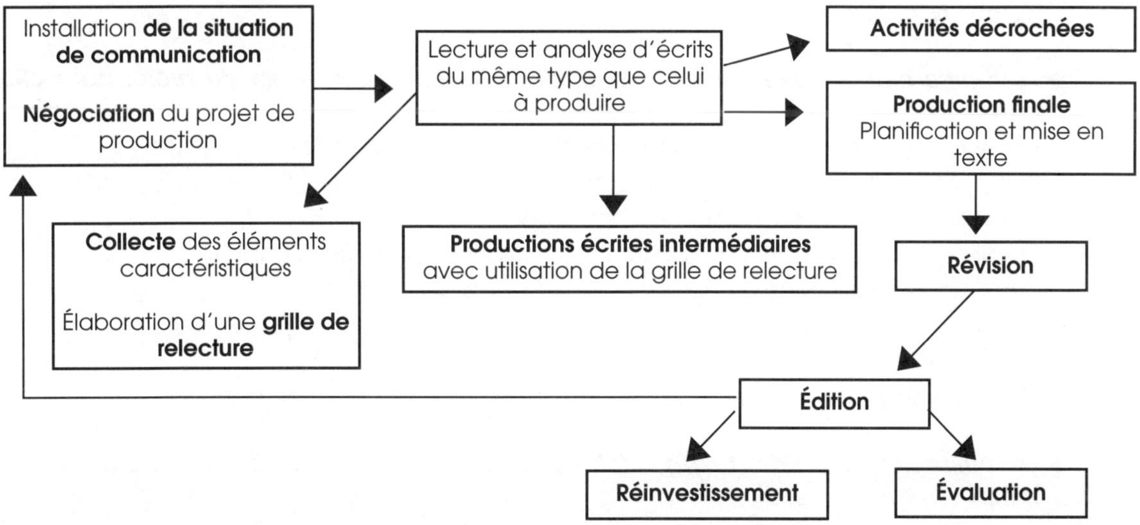

◆ Projet d'apprentissage de l'élève

Lors de la négociation du projet
- Qu'est-ce que je sais de l'écrit à produire ?
- Que dois-je apprendre ?
- Dans quel but ?

Au fur et à mesure des activités et en utilisant la grille de relecture lors des productions intermédiaires
- Qu'ai-je appris ?
- Que me reste-t-il à apprendre ?

À la fin du projet
- Maintenant je sais.
- Je ne sais pas complètement.
- Je ne sais pas.

I - Le projet pédagogique du maître

◆ ***Pour tout type d'écrit que le maître veut travailler avec ses élèves, il doit à son niveau bien en connaître les caractéristiques.***

Exemple pour le conte à structure accumulative :

• Un schéma en 4 parties :
- *une situation initiale : le moment, le lieu, le personnage principal,*
- *un problème à résoudre,*
- *des rencontres de personnages qui s'accumulent,*
- *la résolution et une situation finale.*

• Des personnages :
- *un personnage principal (un animal) qui a un mobile particulier (la peur, une invitation, une anomalie etc...) le fait partager à d'autres personnages (animaux) et les entraîne avec lui,*
- *un personnage, à la fin, aide à la résolution ou s'oppose.*

• Emploi de substituts : pronoms, différentes manières de désigner un personnage.

• Emploi de connecteurs et de déclencheurs : soudain, mais, d'abord, ensuite...

• Présence de dialogues.

• Des expressions qui se répètent : les « formulette ».

◆ ***En fonction de la situation de communication et des savoirs linguistiques qu'il veut faire acquérir, le maître définit les objectifs que les élèves devront avoir atteints au terme du projet en prenant soin de choisir les critères linguistiques qui définiront clairement la production attendue.***

Les élèves doivent être capables de :

• reconnaître un conte à structure accumulative parmi d'autres textes.

• produire un texte en dictée à l'adulte :
- *en respectant les quatre parties du conte,*
- *en enchaînant deux ou trois rencontres de personnages qui restent ensemble,*
- *en insérant une formulette,*
- *en utilisant le présent.*

◆ ***Le maître élabore une grille d'évaluation qu'il remplira à la fin du projet pour chaque élève.***

☐ sait reconnaître un conte à structure accumulative parmi d'autres écrits.
☐ sait reconstituer un conte à structure accumulative à partir d'images séquentielles.
☐ sait formuler les mobiles des personnages.
☐ sait produire un conte à structure accumulative en dictée à l'adulte.
☐ sait lire sa production à une autre classe qui la comprend.
☐ sait employer la formulette.
☐ sait utiliser des substituts.
☐ sait employer les connecteurs de début, de fin et les « déclencheurs ».

◆ ***Le maître recherche des textes à faire étudier, prévoit des activités et les planifie dans le temps.***

II - Le projet de production et les activités de l'élève

◆ ***Installation de la situation de communication et négociation du projet.***

Trop souvent, la finalité des activités de production écrite est purement scolaire : pour les élèves, il s'agit d'effectuer une performance conforme à ce qu'attend l'enseignant.

Cet objectif ne constitue pas une motivation suffisante pour tous, en particulier pour ceux qui ont peur de le décevoir. Ceux pour qui le monde du savoir est un monde étranger qui ne les concerne pas, ont besoin plus encore que les autres, d'être associés à une situation redonnant un sens à des activités qui sinon seraient totalement coupées de leur réalité. L'enfant doit donc avoir envie d'écrire, comprendre pourquoi il écrit à travers des situations d'écriture authentiques.

C'est une vie de classe riche qui va susciter ces situations de communication : écrire un abécédaire pour la B.C.D., écrire une liste pour rapporter tout ce qu'il faut pour faire un gâteau, créer des portraits d'animaux fantastiques pour une exposition, inventer un conte pour une autre classe de l'école, raconter un événement aux correspondants, etc.

Pour chaque situation d'écriture, les enfants devront d'une part identifier et connaître les paramètres de la situation de communication écrite qui détermineront leur production et d'autre part se représenter préalablement le produit fini :

• ***les paramètres de la situation de communication :***
  - *Quel est le destinataire précis de notre écrit ? Quel est son statut ?*
  - *À quel titre écrivons-nous ? Personne individuelle, enfant, écolier, groupe classe...*
  - *Quel est le but de notre écrit ?*
  - *Quel est l'enjeu de cet écrit ? Quelle réaction attendons-nous ?*
  - *Qu'est-ce que nous avons à dire ?*

• ***la représentation du produit fini :***
  - *Quel type d'écrit ou quel type de texte choisir ? Quelle sera son allure générale ?*
  - *Quel support, quels outils va-t-on utiliser ?*

◆ ***Lecture et analyse d'écrits du même type que celui que l'on veut produire.***

1) Le maître doit organiser la **lecture de textes** et aider les élèves à en trouver les caractéristiques. Ces textes lus qu'ils peuvent, pour certains, mémoriser, alimentent leur culture écrite et nourrissent leur imagination. Le maître fait élaborer des outils qui seront affichés en classe et gardés dans un cahier d'expression écrite : c'est par exemple la fiche-maître 1 pour le conte, la fiche-maître 2 pour le compte rendu d'un événement, la fiche-maître 5 pour l'abécédaire, etc.

2) Au fur et à mesure des collectes, les élèves et le maître élaborent ensemble une grille de relecture utilisée à chaque **production écrite intermédiaire**.

Le conte :

☐ *Il y a un titre.*
☐ *Il y a quatre parties.*

Dans la première partie :

☐ *Le héros est présenté.*
☐ *Le lieu où se passe l'histoire est indiqué.*
☐ *Le moment de l'histoire est indiqué.*

Dans la deuxième partie :

☐ *Le problème est posé.*

Dans la troisième partie :

☐ *Le héros rencontre au moins trois personnages.*
☐ *Les personnages s'ajoutent les uns aux autres.*

Dans la quatrième partie :

☐ *Le héros a résolu son problème.*

Le texte et les phrases :

☐ *Il y a une " formulette ".*
☐ *Il y a des petits mots qui font avancer l'histoire.*
☐ *Les répétitions sont évitées.*
☐ *Les phrases commencent par une majuscule et se terminent par un point.*

Ces **productions écrites intermédiaires** qui doivent suivre toute activité de lecture sont fondamentales pour apprendre à employer les caractéristiques découvertes. Le maître évalue au fur et à mesure la compréhension du fonctionnement du type d'écrit. Les élèves, eux, prennent conscience de ce qu'ils savent et de ce qu'ils ont encore à apprendre. Ces productions écrites intermédiaires sont réalisées, en début de cycle 2, en dictée à l'adulte puis une ou plusieurs phrases seront écrites en autonomie. Ces productions écrites intermédiaires sont réalisées en autonomie ou en dictée à l'adulte si les élèves en ont encore besoin.

3) Des **activités décrochées** sont proposées pour résoudre des besoins spécifiques relatifs à la production envisagée comme celles par exemple liées aux exercices de phonologie dans le projet sur l'abécédaire.

◆ ***Production finale***

La planification et la mobilisation des connaissances

Les élèves savent maintenant comment est organisé le texte à produire et ont des aides à leur disposition. Ils recherchent collectivement les idées et les organisent. Le maître rappelle la situation de communication et les contraintes qui y sont liées (cf. séquence n° 6 du projet sur le conte).

La mise en mots du texte

C'est l'activité de rédaction proprement dite. Les élèves doivent gérer une suite d'énoncés syntaxiquement et orthographiquement acceptables. Suivant l'année du cycle, la place dans l'année, les compétences des élèves, ces derniers rédigeront leur texte en utilisant les écrits de référence avec l'assistance plus ou moins importante du maître, collectivement, par groupes ou individuellement (cf. séquence n° 6 du projet sur le conte).

Opérations de révision

C'est la relecture avec les élèves ou par les élèves eux-mêmes en utilisant la grille de relecture élaborée. Il s'agit aussi de détecter les effets possibles d'incompréhension et de voir si le texte est effectivement bien adapté aux buts poursuivis.

Édition

Sans privilégier la qualité du produit terminal aux dépens des apprentissages réalisés par les enfants, il faut néanmoins aboutir à une production concrète, visible et communicable. « Un projet d'écriture se termine le plus souvent par l'édition manuscrite ou imprimée du texte, qu'il soit collectif ou individuel. C'est un aspect de la production de textes qui ne peut être négligé. » (Programmes 2002)

Évaluation

L'évaluation au cours de la réalisation du projet et dont il a été question à propos des productions intermédiaires est indispensable pour mieux comprendre l'enfant confronté à la tâche, analyser ses difficultés, l'aider par des moyens appropriés et mesurer les progrès. Le produit fini permet au maître de voir si les objectifs qu'il s'est fixés dans son projet pédagogique sont atteints. Il peut aussi proposer, hors situation de communication, des activités lui permettant de mesurer les acquis (cf. l'évaluation des différents projets d'écriture). Il remplira alors pour l'un et pour l'autre cas avec chaque élève une fiche témoignant des connaissances acquises (cf. les grilles d'évaluation des acquis pour chaque projet).

Réinvestissement

Il n'y a d'acquisition que si les compétences sont remises en oeuvre, réinvesties : le même type de texte devra être produit plusieurs fois dans l'année.

III - Le projet d'apprentissage des élèves

Dans le projet d'écriture liant maître et élèves s'intègre un projet d'apprentissage pour l'élève. Le projet de l'élève ne doit pas être seulement de produire tel ou tel type d'écrit, mais aussi « d'apprendre ». Au début, l'apprenant doit se rendre compte de ce qu'il sait sur le type d'écrit à produire et des obstacles à franchir pour mener à terme le projet de production. Au fur et à mesure du déroulement des activités, il est important de toujours faire remarquer ce qui a été appris, ce qui reste à apprendre et dans quel but. Le maître induit ainsi une prise de conscience de ce que l'on est en train d'apprendre.

Au début du cycle 2, dicter à l'adulte pour organiser et mettre en mots

Au cycle 2, les nouveaux programmes « Qu'apprend-on à l'école élémentaire ? », recommandent de travailler sur l'organisation des textes et leur mise en mots en « passant de manière privilégiée par la dictée à l'adulte ».

Apprendre à dicter

Une première étape : produire de l'écrit constitue une activité très difficile qui met en jeu de nombreuses compétences à mobiliser en même temps. C'est pourquoi, avant même de savoir écrire, les enfants doivent pouvoir s'exercer à la production : c'est la dictée à l'adulte. Comme ils ne savent pas encoder de l'écrit, le maître leur prête sa main et sa compétence de scripteur. Au cycle 1, les enfants ont été confrontés aux nécessités d'expliciter davantage leur discours à l'écrit qu'à l'oral. Ils ont pris conscience que ce que le maître écrit n'est pas la simple transcription terme à terme de ce qu'ils disent. Cette capacité à passer d'un énoncé oral à un énoncé «écrivable» doit être travaillé tout au long du cycle 2, individuellement ou par petits groupes.

L'adulte joue trois rôles : il est à la fois le scribe qui tient la plume et relit pour que l'auteur puisse continuer, le premier récepteur du texte (il occupe la position du futur lecteur et peut donc faire des remarques) et surtout il soutient en permanence l'effort langagier de l'enfant. L'adulte doit donc :

- dire ce qu'il écrit, mot après mot ;
- demander à l'enfant de ralentir son débit ;
- demander des explications, des éclaircissements sur le contenu ;
- s'étonner, répéter sans écrire, manifester son embarras devant la forme de l'énonciation ;
- proposer certaines corrections ;
- relire ;
- organiser la distribution de la parole.

Quand les élèves de cycle 2 (généralement au cours de la grande section de maternelle) savent dicter (ralentir le débit, structurer une phrase), ils peuvent entrer dans l'étape suivante : apprendre à mettre en mots le texte.

Apprendre à mettre en mots

Les travaux de Hayes et Flowers ont mis en lumière les diverses opérations intervenant dans la rédaction d'un texte :

- la planification : établir un plan de l'ensemble de la production ;

- la mise en mots du texte : rédiger en tenant compte des contraintes liées au type de texte et des contraintes syntaxiques, lexicales, orthographiques ;
- la révision : relecture et mise au point du texte.

L'enfant qui est familiarisé avec la dictée à l'adulte peut apprendre à maîtriser chacune des composantes de l'activité rédactionnelle. Il apparaît plus facile de commencer à travailler avec les enfants sur la mise en mots à travers les substituts, les connecteurs, le lexique, à partir d'images séquentielles, d'histoires racontées qui donnent les idées et les organisent, plutôt que sur la planification.

Si, chaque fois que c'est possible, apprendre à dicter doit privilégier des situations individuelles, apprendre à mettre en mots un texte requiert plutôt des dictées menées en groupe ou collectivement.

La dictée par groupe ou collective est un moment intense de communication entre les enfants et l'adulte mais aussi entre les élèves eux-mêmes. Les textes produits sont alors abondants, plus riches et mieux structurés. Les différentes tâches de rédaction sont prises en charge non par un élève seul mais par plusieurs ou l'ensemble de la classe. Le travail de construction de texte qui se déroule devant les yeux et les oreilles de tous peut profiter aussi à ceux qui se contentent de suivre parce qu'il rend visible les opérations langagières effectuées sur le texte. Il ne suffit pas de savoir dicter et mettre en mots pour produire un texte long. Il faut en organiser les idées.

Apprendre à organiser ses idées

Après avoir dicté des textes qui étaient déjà planifiés, peu à peu, au cours de la deuxième année du cycle 2, il faut que les élèves prennent conscience de la nécessité de planifier le texte pour le rendre cohérent. Il s'agit essentiellement d'aider les élèves :

- à se représenter préalablement le texte et à anticiper son déroulement ;
- à donner toutes leurs idées, à les rassembler en « blocs » et à agencer les blocs.

À travers des activités comme celles que vous trouverez dans cet ouvrage, les enfants se posent des problèmes de planification, de mise en ordre des éléments réunis mais aussi de correction portant sur le fond : changer l'ordre des idées, comprendre que plusieurs solutions sont également possibles. Quand cette expérience d'élaboration, de construction, de complexification, de correction de textes a été vécue de nombreuses fois, la voie est préparée pour une écriture autonome. Cet accès à l'autonomie est développé dans l'ouvrage *S'engager dans l'écrit*, « outils pour les cycles », SCEREN CRDP Champagne Ardenne.

Néanmoins, dès la grande section de maternelle, lors de dictées à l'adulte en petits groupes, il est possible avec ceux qui en sont capables, d'aller très progressivement vers une prise en charge plus autonome de la production : le maître peut par exemple s'arrêter d'écrire pour proposer aux élèves d'écrire seuls certains mots :

- soit les mots sont déjà connus et se trouvent dans les écrits de référence de la classe, les élèves les cherchent et les écrivent,
- soit les mots ne sont pas connus mais ressemblent à certains mots déjà étudiés et peuvent ainsi être écrits par des élèves qui commencent à décoder et encoder.

Cinq projets d'écriture sont développés :

- L'abécédaire pour nommer les lettres.
- La liste pour écrire des groupes nominaux.
- Le compte rendu d'un événement vécu pour rédiger des phrases.
- Le portrait d'un animal fantastique pour organiser un texte et le mettre en mots.
- Le conte à structure accumulative pour l'organiser et le mettre en mots.

Pour chaque projet d'écriture, on trouve :

I Le projet pédagogique du maître.
II Le projet de production et les intentions de communication possibles.
III Le projet d'apprentissage de l'élève.
IV Les différentes séquences avec les documents à lire et à analyser, les fiches pour le maître à usage collectif, les fiches pour l'élève à usage individuel et les grilles de relecture qui peuvent être élaborées ainsi que les évaluations.

Première partie

L'ABÉCÉDAIRE

I - L'ABÉCÉDAIRE :
PROJET PÉDAGOGIQUE DU MAÎTRE

Le travail structuré sur l'abécédaire s'étend sur 6 séquences, de préférence au cours du 1er trimestre.
Il s'agit de familiariser les élèves avec les lettres de l'alphabet et leurs différentes écritures, avec le mot écrit composé de plusieurs lettres et avec la phrase constituée de groupes de mots, ayant chacun un rôle.

Les caractéristiques de l'écrit à produire

- une mise en page particulière :
  - soit un tableau avec vingt six cases, une lettre par case,
  - soit un livre dont chaque page est réservée à une lettre ;
- des lettres avec leurs différentes écritures : capitales et minuscules, imprimerie et cursive ;
- ces lettres sont rangées dans un ordre, l'ordre alphabétique ;
- un ou plusieurs mots pour chaque lettre sans déterminant ;
- la première lettre du mot est valorisée ;
- une phrase contenant le ou les mots donnés pour chaque lettre ;
- chaque lettre ou chaque mot est illustré.

Ce qui est attendu des élèves

Ils doivent :

- reconnaître un abécédaire : soit un tableau avec vingt six cases, une par lettre, soit un livre dont chaque page est réservée à une lettre ;
- savoir isoler la 1ère lettre d'un mot ;
- pouvoir reconnaître certaines lettres de l'alphabet et donner leur nom ;
- être capables d'associer les différentes écritures d'une même lettre et d'écrire certaines lettres ;

- avoir compris :
  - que l'on dispose de 26 lettres pour écrire et qu'on les range dans un ordre précis, l'ordre alphabétique,
  - qu'un mot est composé d'une suite de lettres, qu'il a un sens et qu'il correspond à ce que l'on « prononce »,
  - qu'une phrase est composée de mots et qu'elle a un sens ;
- être capables de construire un abécédaire collectivement ou en groupe avec support visuel.
- pouvoir aussi peu à peu prendre conscience qu'une même lettre peut correspondre à des phonèmes différents : ex : girafe – gazelle.

Les activités

- observations de différents abécédaires et élaboration d'un abécédaire collectif
- reconstitution d'abécédaires avec modèle
- mémorisation de lettres et de leurs différentes écritures
- écriture de lettres, de mots
- production de phrases en dictée à l'adulte
- activités décrochées en phonologie, en arts plastiques, en langue orale, en musique, avec l'aide de l'informatique, au cours de jeux lors des ateliers.

Production finale

Création d'un abécédaire sous forme de livre sur un thème précis (animaux ou légumes ou fruits ...)

Réinvestissement

Au cours de l'année :

- création d'abécédaires sous forme de tableaux après des travaux autour des thèmes étudiés en découverte du monde,
- enrichissement des abécédaires construits en y ajoutant des comptines autour du « son » produit par les différentes lettres comme celle-ci :

Le chat et le rat

Ah, ah, ah,qui est là ?
C'est monsieur A
qui fait son cinéma.

Ecoutez ça :
-Abracadabra !
Le lapin devient rat.
Abracadabra !
Le rat devient boa,

Abracadabra !
Le boa devient chat.
Abracadabra !
Le chat devient lama,
Lama, lama
Et il reste comme ça !

Les comptines peuvent être inventées par les élèves.

L'évaluation envisagée

◆ reconnaître un abécédaire parmi d'autres documents

◆ décrire et donner les principaux éléments d'une page d'abécédaire

◆ reconstituer un abécédaire

◆ reconnaître les différentes écritures d'une même lettre

◆ enrichir un abécédaire avec d'autres illustrations accompagnées d'un mot.

Grille d'évaluation des acquis des élèves

Nom :	Prénom : ....
☐ sait reconnaître un abécédaire ; ☐ sait reconnaître la première lettre d'un mot ; ☐ sait reconnaître les différentes écritures d'une même lettre ; ☐ sait reconstituer une page d'abécédaire ; ☐ sait écrire quelques mots en les classant dans l'ordre alphabétique, à l'aide de l'abécédaire.	

II - L'abécédaire : Projet de production pour les élèves et intention de communication

Les abécédaires sont nombreux dans les classes maternelles. Ce sont des livres, des posters, des jeux. Leur contenu est varié : chaque lettre de l'alphabet est associée à une illustration et à un mot ou à une phrase ou à une comptine.
Les enfants aiment les manipuler et l'enseignant y fait souvent référence lorsqu'il est amené à nommer ou faire nommer les lettres.
Le projet est de construire un abécédaire pour l'envoyer aux correspondants ou pour enrichir le coin-livres de la classe ou la bibliothèque de l'école.

III - L'abécédaire : Projet d'apprentissage de l'élève

L'enseignant recense ce que chacun sait sur les lettres (lesquelles connaît-il ? sait-il les nommer ? les associe-t-il à des mots ? les reconnaît-il dans différentes écritures ? sait-il les écrire ? etc.) et établit pour chacun un projet d'apprentissage permettant d'acquérir les compétences définies dans les programmes pour la fin de la grande section en ce qui concerne les lettres :

- connaître le nom de lettres de l'alphabet,
- décrire un mot en utilisant le nom des lettres,
- copier des mots en capitales d'imprimerie, en cursive avec ou sans l'aide de l'enseignant.

Il fera le point régulièrement sur ce que chacun va apprendre et au fur et à mesure du projet mettra en valeur ce qui a été appris et ce qui reste à apprendre.

IV - L'ABÉCÉDAIRE :
LES DIFFÉRENTES SÉQUENCES

SÉQUENCE 1 : Découverte de l'abécédaire

SÉANCE 1 :

1) **Présentation de différents types d'abécédaires sur des supports différents**

◆ ***des livres :***
- *ABC Poèmes de Pierre Gamarra* – éditions Messidor
- *Abécédaires* – éditions Lito
- *Mon premier alphabet* - éditions Larousse
- *Mon livre de mots* – éditions Bordas
- *L'alphabet des enfants gourmands* – éditions Comptoir du livre
- *Premiers pas vers l'alphabet* – éditions Piccolia
- *Des singes, des girafes, des abeilles, ABC, l'alphabet des animaux* – éditions Mila
- *L'Abécédaire – Selçuk* - – éditions Pastel
- *Comptines de l'alphabet* – éditions Bayard Jeunesse

◆ ***des posters :***
- *Comptines de l'alphabet* – éditions Bayard Jeunesse
- *Abécédaire des petits* – éditions Parasol
- *L'alphabet* – éditions Parasol
- *L'abécédaire* – éditions Fleurus
- *Livre de lettres* – éditions Thierry Magnier

◆ ***un puzzle :***
- *J'apprends l'alphabet* - Ravensburger

2) **Faire observer et manipuler, recueillir les remarques afin de recenser les connaissances sur ce type d'écrit.**

3) **Les abécédaires sont laissés dans la classe à disposition des enfants pour qu'ils puissent les manipuler.**

SÉANCE 2 :

1) À partir des mêmes documents que pour la séance 1, structurer les observations :
- Que venez-vous de regarder ? une histoire, une comptine...
- Qu'avez-vous vu ? Qu'avez- vous reconnu ?
- Comment sont présentées les lettres ?
- Voyez-vous des éléments qui se ressemblent ?

2) Production écrite intermédiaire

◆ ***Composer en dictée à l'adulte un court texte pour résumer les observations sur l'abécédaire et en garder une trace écrite collective.***

SÉQUENCE 2 : Organisation d'une page d'abécédaire

1) Faire observer un abécédaire (*La fête des lettres* – Nathan) et laisser les enfants faire des remarques sur sa composition.

◆ ***Fiche-élève 1 : Dégager les différents éléments que l'on remarque sur une page :***
- une grande lettre et des plus petites mais il s'agit de la même lettre, les colorier de la même couleur,
- un dessin,
- un mot qui dit ce que le dessin représente, l'entourer et faire une flèche qui renvoie au dessin,
- dans ce mot, la lettre du début est la même que la grande lettre de la page, la colorier de la même couleur que précédemment.

◆ ***Fiche-élève 2 : même type d'activités que précédemment.***

2) Activités décrochées

◆ ***Fiche-maître 1 : progression pour l'étude des phonèmes à raison d'un phonème par semaine.***

◆ ***Fiches-maître 2, 3, 4 : démarche type pour travailler autour d'un phonème sur une semaine ou de deux phonèmes en opposition, exemples de jeux phonologiques.***

SÉQUENCE 3 : L'ordre alphabétique

SÉANCE 1 :

1) Travail par groupe

◆ ***Montrer une page de l'abécédaire (La fête des lettres – Nathan) aux enfants et chercher la même lettre dans un autre abécédaire.***
- Chercher la lettre précédente et la suivante.
- Chercher la 5ème lettre sur divers documents pour leur faire constater qu'ils trouvent tous la même.
- Recommencer avec la 2e, la 8e.

- Compter les lettres de l'alphabet et les écrire sur une affiche en capitales d'imprimerie dans l'ordre alphabétique : cette affiche sera complétée, au fil des séquences et constituera l'abécédaire collectif de référence pour la classe : fiche-maître 5. Coller les mots des fiches-élèves 1 et 2 (mot, lettres et illustration)

2) Production écrite intermédiaire

◆ ***Fiche-élève 3 :***
- La faire compléter en faisant écrire les lettres par les enfants ; le maître, à chaque fois, fait dire le mot représenté par le dessin et montrer le mot écrit.
- Compléter l'abécédaire collectif avec ces mots.

3) Activités décrochées

◆ ***Phonologie comme tous les jours***

◆ ***Réalisation de lettres en pâte à sel***

SÉANCE 2 :

1) Classement

◆ ***Demander à chaque enfant d'écrire son prénom et faire entourer toutes les lettres et colorier la première.***

◆ ***Ensuite classer tous les prénoms sur l'abécédaire collectif réalisé lors de la séance précédente.***

◆ ***Faire classer les noms des élèves de la classe.***

◆ ***Ensuite, il est possible de classer des lettres et illustrations accompagnées d'un mot en fonction d'un thème étudié en découverte du monde : les animaux, les plantes ...***

2) Production écrite intermédiaire

◆ ***Fiche-élève 4 :***
- La compléter en faisant écrire la première lettre de chaque mot puis découper les cases et les recoller sur une feuille en les classant dans l'ordre alphabétique.
- Compléter aussi l'abécédaire collectif avec ces mots.

3) Activités décrochées

◆ ***Phonologie comme tous les jours***

◆ ***Jeux : des puzzles sur l'alphabet***

◆ ***Musique : apprendre une chanson pour mémoriser l'alphabet : « J'apprends à lire en chantant » de Hervé Christiani.***

SÉANCE 3 :

1) Lecture et tri

◆ ***Fiches-élève 5 et 6 :***
- Lire les lettres dans les différentes cases et faire trouver au fur et à mesure, les dessins qui correspondent aux lettres. Les coller. La première lettre de chaque mot est entourée et le mot est répété plusieurs fois. Compléter aussi l'abécédaire collectif avec ces mots.
- Pour quelques lettres de l'abécédaire collectif, relire les différents mots et inciter les enfants à faire des relations entre ce qu'ils voient et ce qu'ils entendent.

2) Production écrite intermédiaire
- Ensemble, on choisit un ou plusieurs mots, l'enseignant les écrit en cursive sur l'abécédaire collectif puis chacun, selon ses possibilités essaiera de les écrirre aussi en cursive.

3) Activités décrochées

◆ ***Phonologie comme tous les jours***

◆ ***Jeux : le domino des lettres* – Nathan ou Volumétrix.**

SÉANCE 4 :

1) Classement

◆ ***Fiche-maître 6 :***

- Sur l'abécédaire collectif, coller des pages de l'abécédaire de Selçuk
- Faire lire tous les mots qui sont sur l'abécédaire collectif et qui commencent par « a » et par « o » ; remarquer que l'on voit toujours les lettres « a » et « o » mais que dans les mots, on n'entend pas toujours [a] et [o].

2) Production écrite intermédiaire

- Écrire quelques-uns de ces mots et faire les dessins correspondants.

3) Activités décrochées

◆ ***Phonologie comme tous les jours***

◆ ***Jeu : Alphabet* - Marianne Treuil - Scolavox.**

SÉANCES 5 ET 6 :

1) Reconstitution

◆ ***Fiche-élève 7 :***

- Sur une grande bande, par groupe, faire reconstituer l'abécédaire en suivant l'ordre alphabétique . Les enfants peuvent s'aider de l'abécédaire collectif.

2) Production écrite intermédiaire

◆ ***Fiche-élève 8 :***

- Chaque enfant écrit les lettres en majuscules d'imprimerie et en minuscules cursives puis choisit un mot en s'aidant de l'abécédaire collectif, fait le dessin correspondant et écrit le mot.

3) Activités décrochées

◆ ***Phonologie comme tous les jours***

◆ ***Exercices de discrimination visuelle sur les lettres, par exemple ceux de Lexidata.***

SÉQUENCE 4 : Les différentes écritures d'une lettre

SÉANCE 1 :

1) Lecture, classement

◆ ***Fiche-maître 7 :***

- Faire remarquer les différentes écritures d'une même lettre.
- Coller ces lettres sur l'abécédaire collectif.

2) Lecture, écriture

◆ ***Fiche-élève 9 :***

- Faire retrouver les différentes écritures de la lettre « O » et de la lettre « A » et les faire tracer.

3) Activités décrochées

◆ ***Phonologie comme tous les jours***

◆ ***Sur l'ordinateur, rechercher des polices de caractères différentes***

SÉANCE 2 :

1) Lecture, reconstitution

◆ ***Fiche-élève 10 :***

- Faire trouver puis coller les lettres manquantes.

2) Lecture, reconstitution

◆ ***Fiche-élève 11 :***

- Même situation que précédemment mais faire écrire les lettres manquantes.

3) Activités décrochées

◆ ***Phonologie comme tous les jours***

◆ ***Activités de calligraphie comme celles proposées dans le coffret Scolavox.***

SÉANCE 3 :

1) Production écrite intermédiaire

◆ ***Fiche-élève 12 :***

- Faire entourer les premières lettres des mots, écrire chaque première lettre en majuscule d'imprimerie puis écrire en cursive les mots qui ne le sont pas.
- Compléter l'abécédaire collectif.

2) Activités décrochées

◆ ***Phonologie comme tous les jours***

◆ ***Décoration de lettres à la manière des enluminures du Moyen Âge.***

SÉANCE 4 :

1) Lecture

◆ ***Fiche-élève 13 :***

- Faire relier les 4 écritures d'une même lettre.

2) Activités décrochées

◆ ***Phonologie comme tous les jours***

◆ ***Travail à partir de « Louis Cane » de Louis Cane présenté dans Arts plastiques, des matériaux à l'œuvre cycle 2 – CRDP du Nord Pas-de-Calais.***

SÉANCE 5 :

1) **Lecture, classement**

◆ ***Fiche-élève 14 :***

• Faire récrire les mots dans la bonne colonne.

2) **Activités décrochées :**

◆ ***Phonologie comme tous les jours***

◆ ***Création de lettres à partir de différents matériaux en s'inspirant de l'abécédaire de Selçuk.***

SÉQUENCE 5 : Des mots, des phrases

SÉANCES 1, 2 ET 3 :

1) **Lecture**

◆ ***Fiche-élève 15 :***

• Observer les cases et lire les phrases correspondant à chaque lettre.

2) **Production écrite intermédiaire**

• Sur l'abécédaire collectif, choisir des mots, faire dessiner une histoire pour chaque mot et faire dicter une phrase.

3) **Activités décrochées**

◆ ***Phonologie comme tous les jours***

◆ ***Travail sur la phrase à partir d'images séquentielles :***

• Formuler des phrases à l'oral puis en dictée à l'adulte.

SÉANCE 4 :

1) **Production écrite intermédiaire**

◆ ***Fiche-maître 8 :***

• Sur l'abécédaire collectif, replacer les illustrations et écrire les mots sous la dictée des élèves qui épellent les lettres.
• Demander aux élèves de dicter une phrase contenant ces mots.

2) **Activités décrochées**

◆ ***Phonologie comme tous les jours***

◆ ***Travail sur la phrase à partir d'images séquentielles :***

• Formuler des phrases à l'oral puis en dictée à l'adulte.

SÉQUENCE 6 : Production écrite finale

◆ ***Choisir un thème en rapport avec le projet d'école ou lié à un moment de l'année et élaborer un abécédaire collectif sous forme de livre qui sera présenté en BCD.***

Comment ?

• Les lettres sont découpées dans des documents ou préparées sur ordinateur.
• Prendre note de tous les mots d'un même thème (sur étiquette).
• Travail par groupe :
  - Faire écrire les mots et trouver une illustration.
  - Écrire une phrase pour chaque mot.
  - Classer par ordre alphabétique.

SÉQUENCE 7 : Évaluation

◆ ***Fiche-élève 16 :***
• Faire retrouver une page d'abécédaire parmi d'autres écrits.

◆ ***Fiche-élève 17 :***
• Faire entourer la première lettre de chaque prénom.

◆ ***Fiche-élève 18 et fiche maître 9 :***
• Travail pour des groupes de 4 :
  - Sur la table sont déposées 16 cartes (4 lettres dans leurs 4 écritures) + 4 cartes (illustration + mot), tout est mélangé.
  - Chaque enfant reconstitue une page d'abécédaire en collant les différents éléments.

◆ ***Fiche-élève 19 :***
• Faire classer quatre mots dans l'ordre alphabétique.

V - L'abécédaire :
documents pour les séquences

Séquence 2 : Organisation d'une page d'abécédaire

◆ *Fiche-élève 1 :*

O o Ours

o

La fête des lettres (Nathan)

◆ *Fiche-élève 2 :*

R ▪ r Raisin

r

S ▪ s **Serpent**

s

La fête des lettres (Nathan)

◆ ***Fiche-maître 1 :***

• Programmation pour l'étude des phonèmes :

Septembre - Octobre	*Novembre - Décembre*	*Janvier - Février*
[a]	[s]	[n]
[i]	[z]	[m] [n]
[o]	[s] [z]	[f]
[y]	[ʃ]	[v]
[u]	[ʒ]	[f] [v]
[y] [u]	[ʃ] [ʒ]	[t]
[r]	[m]	[d]

Mars - Avril	*Mai - Juin*
[t] [d]	[l]
[k]	[e]
[g]	[ɛ]
[k] [g]	[e] [ɛ]
[p]	[ɑ̃]
[b]	[ɔ̃]
[p] [b]	[ɑ̃] [ɔ̃]
	[wa]
	[ɛ̃]
	[j]
	[ŋ]
	[ə] [œ]

◆ ***Fiche-maître 2, trame d'étude d'un phonème sur une semaine :***

• Séquence 1 :

→ Répétition d'une comptine ou d'une chanson dite plusieurs fois par l'enseignant(e).

→ Identification du phonème le plus fréquent :
- *Articulation : Faire prendre conscience aux élèves de la façon d'articuler le phonème (place de la langue, forme des lèvres, position des mâchoires, ...)*
- *Repérages des mots contenant le phonème travaillé dans la comptine.*

→ Gymnastique phonétique :
- *Faire répéter à chaque élève des phrases contenant le phonème travaillé (ex. : Les chaussettes de l'archiduchesse ...).*

• Séquence 2 :

→ Rappel de la comptine de départ.

→ Tri d'étiquettes :
- *Faire trier aux élèves des étiquettes tirées de banques d'images ou de catalogues avec pour consigne : « Triez les images qui correspondent à des mots dans lesquels vous entendez le phonème [ ]. »*

→ Réalisation d'une affiche « son » de référence. Elle peut prendre deux formes au choix :
- *Maison avec gardien (on peut choisir le thème de la comptine de base) dans laquelle on collera toutes les images triées auparavant par les élèves.*
- *Dessin de référence décoré de mots contenant le phonème travaillé.*

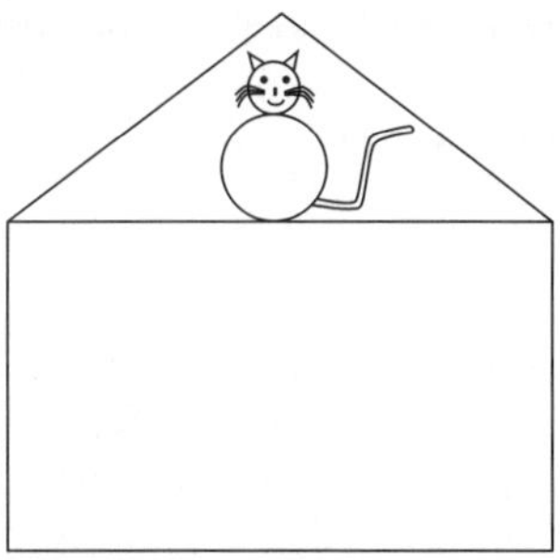

Une réplique de cette affiche « son » sera distribuée aux élèves et collée dans leur cahier de phonologie.

→ Jeu de devinettes :
« Écoutez bien les définitions suivantes, elles vous parlent d'un animal dans lequel on entend le son [ ], à vous de le trouver. »

• Séquence 3 :

→ Audition d'une seconde comptine. Repérage des mots contenant le phonème travaillé.

→ Jeux phonologiques collectifs et oraux spécifiques à chaque phonème.

• Séquence 4 :

→ Repérage du phonème, exercices collectifs avec manipulation.

→ Évaluation individuelle : exercices individuels écrits.

◆ ***Fiche-maître 3, trame d'étude de deux phonèmes en opposition :***

• Séquence 1 :

→ Audition d'une comptine contenant les deux phonèmes ou de phrases associant les deux phonèmes.
Exemple pour [ʃ] et [ʒ] : « Un petit lapin joue dans les choux. »

→ Jeu de la phrase correcte :
*- Maman a mis sa robe à « **mange** » courtes.*
*- Maman a mis sa robe à **manches** courtes.*

• Séquence 2 :

→ Repérage de l'opposition :
*- Phrases à corriger : On ne parle pas la « **bouge** » pleine.*
- Transformation de mots avec utilisation dans des phrases.

cage → cache

*L'oiseau est dans la **cage**. → Sylvie se **cache** dans le jardin.*

• Séquence 3 :

→ Jeux phonologiques :
- collectifs avec manipulation,
- loto d'opposition,
- jeux avec référence aux gardiens des phonèmes.

• Séquence 4 :

→ Évaluation individuelle : exercices individuels écrits.

◆ ***Fiche-maître 4, jeux phonologiques :***

• Jeux collectifs et oraux :

→  et  :
Chaque élève possède une carte sur laquelle figure un visage souriant au recto et en colère au verso. L'enseignant dit des mots aux élèves. Si on entend le phonème étudié, ils montrent la face souriante de la carte, sinon, ils montrent la face en colère.

→ L'intrus :
Dans chaque série de quatre dessins numérotés, les élèves identifient celui qui ne contient pas le phonème et repère son numéro en l'écrivant sur l'ardoise.

→ Le grand mamamouchi :
« Au grand mamamouchi, je vais offrir ... »
Chaque élève ajoute à la liste de cadeaux quelque chose qui contient le phonème étudié tout en répétant le début de la liste déjà constituée.

→ Le corbillon :
Trouver un phonème commun à plusieurs mots dans une suite de mots choisis.

→ Le jeu de la marchande :
« Nous allons au marché avec notre panier ! »
Au marché on ne peut acheter que des objets dont le nom contient le phonème étudié.

→ La chasse aux mots :
Rechercher tous les mots qui contiennent le phonème déterminé, par thème : prénoms, animaux, légumes, fruits, vêtements, jouets, ...

→ Suite d'une comptine :
- Continuer la comptine de référence du phonème après avoir repérer sa structure.
- Inventer une comptine contenant le phonème étudié.

→ Devinettes :
Proposer des devinettes dont la réponse contient le phonème étudié.

- Repérage du phonème dans le mot :

→ Les jetons :

- *Chaque élève possède quatre jetons disposés l'un à côté de l'autre, dans cet ordre : un bleu, un rouge, un jaune, un vert.*
- *Chaque jeton représente une syllabe orale. Pour chaque mot énoncé, on détermine ensemble le nombre de jetons nécessaire (On peut frapper les syllabes orales.).*
- *Chaque élève montre le jeton qui contient le phonème.*
  Exemple pour le son [a] : cho co lat → Le jeton jaune est montré.

→ Les numéros :

Même démarche que le jeu des jetons mais avec des étiquettes numérotées de 1 à 4.

→ L'attrape-son :

- *L'enseignant énonce clairement et lentement des mots.*
- *Les élèves réagissent en faisant mine d'attraper le phonème étudié ou en imitant le gardien du phonème quand ils l'entendent dans les mots.*

→ Madame Gare au ... :

- *« Chez Madame Gare au [m] , il n'y a aucun objet qui contient le son [m]. »*
- *Les élèves citent ces objets.*

- Étude de plusieurs phonèmes en opposiiton :

→ Les rondes magiques :

- *Les élèves sont répartis en petites rondes. À l'intérieur de chaque ronde, il y a une image représentant le gardien d'un son différent dans chaque ronde.*
- *L'enseignant ou un meneur dit des mots contenant l'un des phonèmes. La ronde concernée tourne ou danse en chantant la comptine référence du phonème.*

→ Le bon gardien :

- *Chaque élève possède une carte sur laquelle figure le gardien d'un premier phonème au recto et d'un deuxième au verso.*
- *L'enseignant ou un meneur dit des mots dans lesquels on entend l'un ou l'autre phonème. L'élève doit alors montrer la face de sa carte avec le bon gardien.*

→ À chacun sa maison :

Trier des étiquettes et les placer dans la maison du phonème correspondant.

→ La phrase correcte :

- *Énoncer deux phrases, l'une correcte, l'autre absurde (un phonème changé dans un seul mot de la phrase).*
- *Les élèves identifient la phrase correcte ou la phrase absurde selon la consigne.*
- *Exemple avec [ʃ] et [ʒ] :*
  Je me ***cage*** *derrière la porte. / Je me* ***cache*** *derrière la porte.*

→ Mots tordus 1 :

- *Dire une phrase contenant un mot tordu.*
- *Les élèves la répètent en la corrigeant.*
- *Exemple :*
  Sur ma tête, j'ai un beau ***château****.*

→ Mots tordus 2 :

- *Donner un mot aux élèves qui doivent le tordre en changeant un seul phonème et l'utiliser pour construire une phrase tordue.*

→ Le petit prince et la sorcière :

- *Le petit prince dit des mots ou des syllabes contenant un des deux phonèmes étudiés.*
- *La sorcière les transforme en remplaçant le phonème par son opposé.*
- *Exemple avec [m] et [n] :*
  Le petit prince dit ***na****, la sorcière dit* ***ma****.*
- *Les élèves répètent la transformation, la verbalisent et ensuite effectuent eux-mêmes des transformations.*

→ Le jeu des trésors :
- *L'enseignant apporte deux boîtes desquelles on va sortir des objets ou des images.*
- *Les élèves nomment les objets et les dessins.*
- *Ils essaient de trouver pourquoi ils se trouvaient dans des boîtes différentes (distinction de phonèmes en opposition).*
- *On colle le gardien du son sur chaque boîte.*

• Jeux à construire :

Les jeux suivants peuvent être utilisés avec le groupe classe (pour la découverte du jeu) ou en ateliers autonomes par les élèves.

→ *Jeux de sons et de lecture.* Cycle 2, GS, CP, M. Louise Winniger, Retz.

→ Jeu de l'oie :
- *Une piste de jeu de l'oie est constituée avec des images représentant ou non le phonème étudié.*
- *On lance le dé.*
- *Si le nom de l'image que l'on atteint contient le phonème recherché, on avance de deux cases, sinon, on recule de deux cases.*

→ Jeu des familles :
- *La famille de chaque son contient quatre cartes.*
- *Sur chacune d'elles : le dessin d'un mot contenant le phonème d'une famille et en plus petit sur la même face les dessins des autres mots de la famille.*

- *On joue comme avec le traditionnel jeu de sept familles. Veiller à ce que chaque joueur utilise la formule : « Dans la famille [ ], je voudrais ... »*

SÉQUENCE 3 : L'ordre alphabétique

SÉANCE 1 :

◆ ***Fiche-maître 5 : Liste des mots qui figureront sur l'abécédaire collectif***

(Il s'agit des mots qui sont vus au cours du projet ; l'idéal est de pourvoir composer, en classe, une affiche par lettre afin que chaque mot soit accompagné d'une illustration)

a ananas artichaut ampoule araignée aspirateur avion abeille âne assiette ambulance allumettes arc arrosoir	b bouteille bottes bouchon bonnet ballon banane	c cerise couteau chèvre chaise coccinelle crayon chat cœur	d doigt dindon deux douche dent dé	e éléphant écureuil enveloppe épingle étoile escargot éponge	f fraise fourchette fourmi flèche fusil fille fauteuil	g gland genou grenouille gâteau girafe garçon guitare
h hibou hamster hache hippopotame hérisson hélicoptère	i igloo infirmière île indien immeuble	j journal jambon jardin jupe jambe	k kiwi koala képi kangourou koala	l lit lapin lion lampe livre lune	m melon marteau masque maïs maison manège	n noix nez noisette neuf nuage nappe
o ours orange oiseau œuf œil onze orange oie ongle oreille ordinateur	p poire parapluie poisson pomme poule peigne	q quatre quinze quilles queue	r raisin radis raquette râteau rideau renard reine	s serpent seringue singe souris soleil sapin salade	t tortue table triangle tarte tigre	u un usine uniforme
v valise vélo vase vache verre	w wapiti wagon	x xylophone	y yeux yaourt	z zéro Zorro zèbre		

◆ ***Fiche-élève 3 :***

• Entourer la première lettre de chaque mot et l'écrire dans la case en haut à gauche.

Ananas

Poire

Cerises

Radis

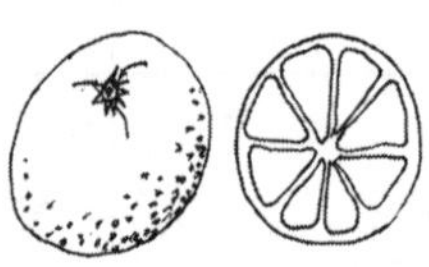

Orange

Melon

Kiwi

Gland

Noix

Fraise

Séance 2 :

◆ ***Fiche-élève 4 :***

• Écrire la première lettre du mot. découper et coller dans l'ordre alphabétique.

C  …outeau	**E**  …léphant
F  …ourchette	**A**  …rtichaut
B  …outeille	**L** 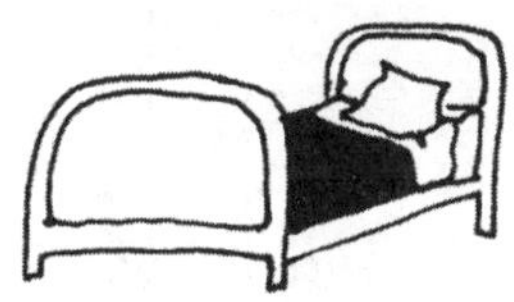 …it
G  …enou	**D** 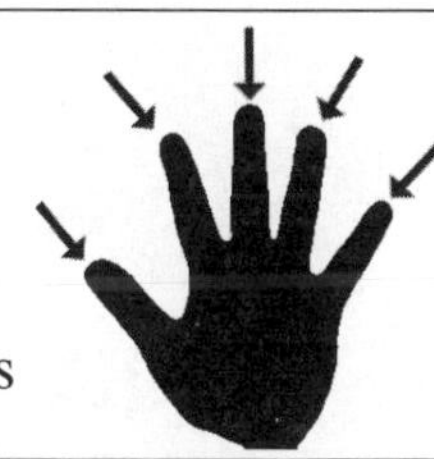 …oigts
J  …ournal	**H**  …ibou
I 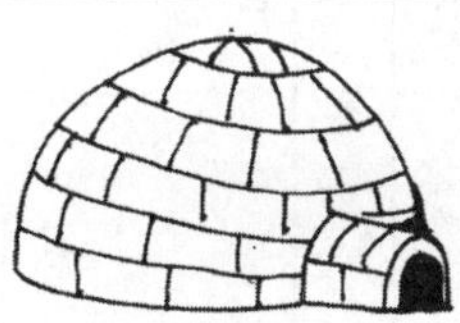 …gloo	**K**  …oala

SÉANCE 3 :

◆ ***Fiche-élève 5 :***

A a ɑ — A a	B b — B b	C c — C c
D d — D d	E e — E e	F f — F f
G g — G g	H h — H h	I i — I i
J j — J j	K k — K k	L l — L l

M m

M m

N n

N n

O o

O o

P p

P p

Q q

Q q

R r

R r

S s

S s

T t

T t

U u

U u

V v

V v

W w

W w

X x

X x

Y	y	Z	z
Y	y	Z	z

◆ ***Fiche-élève 6 :***

Illustrations : Lecture plus (ACCÈS Éditions)

SÉANCE 4 :

◆ ***Fiche-maître 6 :***

1 *Aa*

A comme

Amour, ananas, Ah!(lala), Allo, acrobate, adroit, à droite, anniversaire, aviateur, aventure, Aïe, ad hoc, asperges, avatars, Amadeus, ou comme amphore, ailes, automobile, aiguille, Au-delà

25 *Yy*

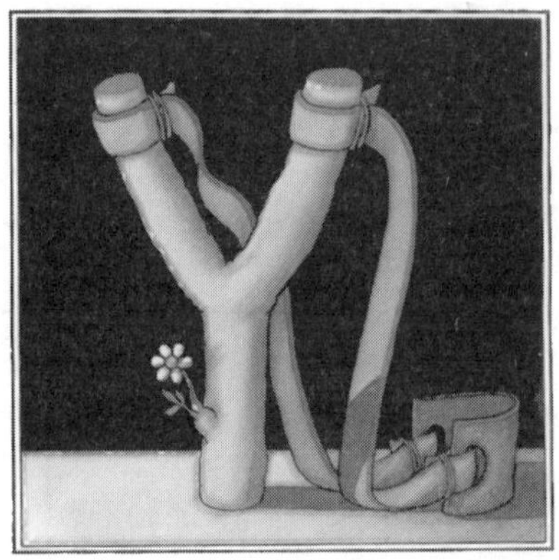

Y comme

yoga, yogourt, yack, yacht, yin et yang, yole, yard, yucca, yeux, yourte, yo-yo, yankee, yearling, yodler, yé-yé, youyou, yéménite, yiddish, Yalta, yo-pet, youppie !

21 *Uu*

U comme

Ubu, utilité, usé, ut, unijambiste, us (et coutumes), urgent, usurpateur, urticaire, ultimatum, utopie, ubiquité, univers, ultraviolet, unité, mais aussi comme un… (deux, trois)

L'ABCDAIRE de Selçuk (PASTEL)

5 *Ee*

E comme

Ernest, épatant, échec, écrou, espace, établi, évasion, été, eh bien, échevelé, écran, espèce de… étoile, écrasé, et cætera, ou comme eurêka, enfant, ennui, ensemble, encore, et ta sœur !

15 *Oo*

O comme

obligatoire, orque, ocre, oser, opéra, oligarchie, ostéopathe, omelette, Omer, oblats, ovni, Oh ! or, os, offrir, OK, mais aussi comme œuf, onde, œil, ours, ouate, [illegible], ombre, ou… où ?

9 *Ii*

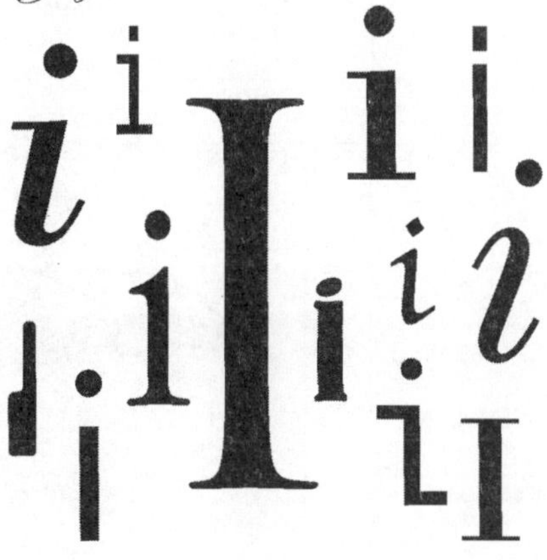

I comme

Icare, idée, icône, ici (-bas), ivoire, ivrogne, immédiatement, illisible, illusion, idiot, if, iguane, islam, image, imagination, ibis, île, il, inouï, isthme, ou comme insecte, Indes, imbécile

L'ABCDAIRE de Selçuk (PASTEL)

Séances 5 et 6 :

◆ *Fiche-élève7 :*

A a a

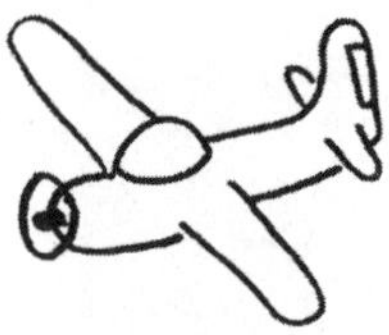

avion
avion

A a

B b

ballon
ballon

B b

C c

chat
chat

C c

D d

dent
dent

D d

E e

étoile
étoile

E e

F f

fille
fille

F f

G g

garçon
garçon

G g

H h

hérisson
hérisson

H h

I i

indien
indien

I i

J j

jupe
jupe

J j

K k

kangourou
kangourou

K k

L l

livre
livre

L l

M m

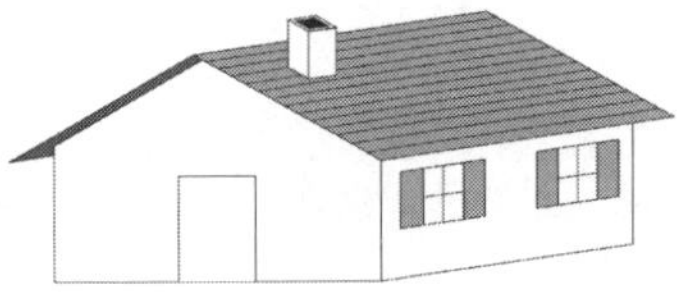

maison

maison

M m

N n

nuages

nuages

N n

O o

11

onze

onze

O o

P p

poule

poule

P p

Q q

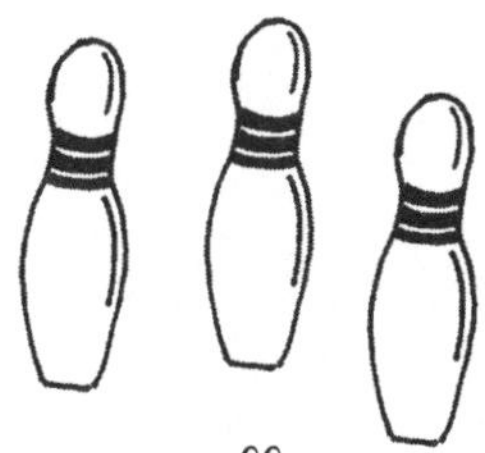

quilles

quilles

Q q

R r

renard

renard

R r

S s

soleil

soleil

S s

T t

tarte

tarte

T t

U u

usine

usine

U u

V v

vache

vache

V v

W w

wagon

wagon

W w

X x

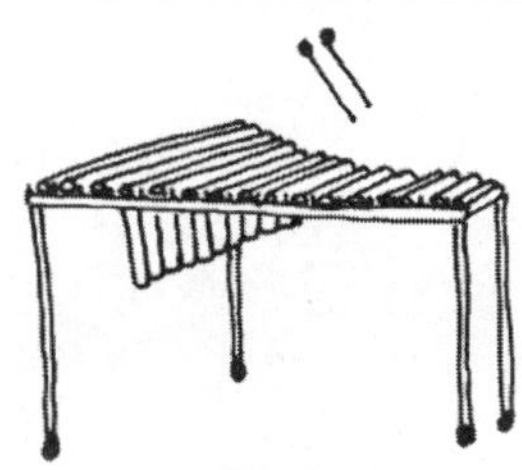

xylophone

xylophone

X x

Y y

yaourt

Y yaourt y

Z z

zèbre

Z zèbre z

◆ ***Fiche-élève 8 :***

A a ɑ 𝒜 □

I i ℐ □

E e ℰ □

O o 𝒪 □

Y y 𝒴 □

U u 𝒰 □

SÉQUENCE 4 : Les différentes écritures d'une lettre

SÉANCE 1 :

◆ *Fiche-maître 7 :*

a	b	c	d
a	b	c	d
a	b	c	d

A	B	C	D
A	B	C	D

f	f	f	F	F

e	e	e	E	E

g	h	i	j
g	h	i	j
g	h	i	j

G	H	I	J
G	H	I	J

m	m	m	M	M
l	l	l	L	L
k	k	k	K	K

n	o	p	q
n	o	p	q
n	*o*	*p*	*q*

N	O	P	Q
N	*O*	*P*	*Q*

t	t	*t*	T	*T*
s	s	*s*	S	*S*
r	r	*r*	R	*R*

u	v	w	x
u	v	w	x
u	*v*	*w*	*x*

U	V	W	X
U	*V*	*W*	*X*

z	z	*z*	Z	*Z*
y	y	*y*	Y	*Y*

◆ ***Fiche-élève 9 :***

- Souligner la première lettre de chaque mot, l'écrire dans la case à côté du mot puis relier les cases qui ont la même lettre.

Abeille ☐

☐ ours

ONGLES ☐

☐ assiette

Arbre ☐

☐ Orange

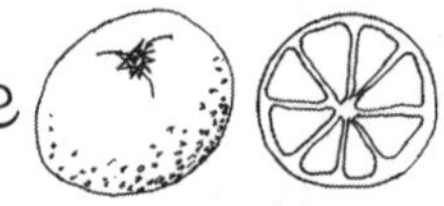

Oie ☐

☐ ambulance

allumettes ☐

Séance 2 :

◆ ***Fiche-élève 10 :***

• Rechercher les lettres manquantes et compléter les cases avec les lettres découpées.

A a ɑ A a	ß B	c	D D d
E e	f F f	g g	H h
i I i	J j	K k	l l
M M	n N n	O o o	P
q q	r R r		T T

U
U

v
v

W
W w

X
X

y

Z
z

b	b	C	C	c	d	E	e	F	G	G	H
h	I	j	J	k	K	L	L	m	m	N	O
P	p	p	Q	Q	R	S	s	S	s	t	t
u	u	V	V	w	x	x	Y	y	Y	Z	z

◆ ***Fiche-élève 11 :***
- Écrire les lettres manquantes.

A a a A a	B B	C C c	D D d
E e E	f F f	G g g	H h H
i I i	J J j	K k K	l L l
M M	n N n	O o O o	P P
Q Q q	r R r	S s	T t T

U u
U

v
V v

W
W w

X
X

Y
Y y

Z
Z z

Séance 3 :

◆ ***Fiche-élève 12 :***

- Entourer les premières lettres de chaque mot puis écrire cette lettre en majuscule d'imprimerie.
- Certains mots ne sont pas écrits en cursive. Les écrire.

☐ 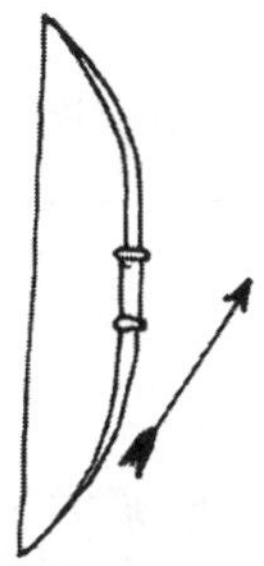 arc	☐ 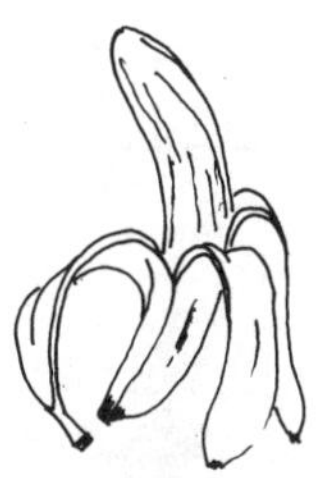 banane banane	☐  cœur cœur	☐  dé dé
☐  escargot escargot	☐  fauteuil fauteuil	☐ 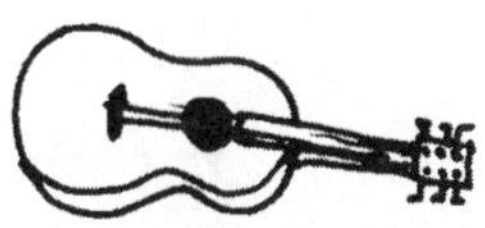 guitare guitare	☐  hélicoptère hélicoptère
☐ 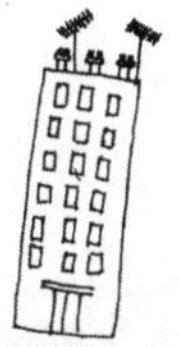 immeuble immeuble	☐ 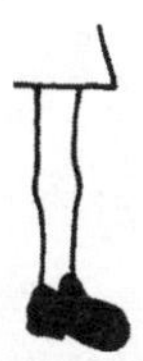 jambe jambe	☐  koala koala	☐  lune ....

 manège manège	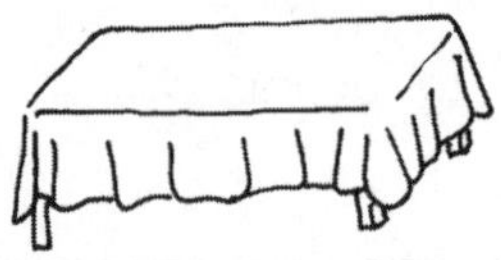 nappe nappe	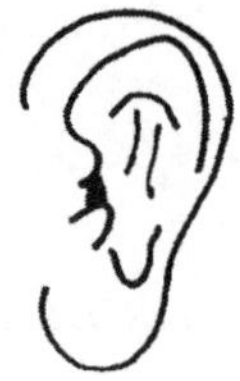 oreille oreille	 peigne peigne
 queue queue	 reine	 sapin	 tigre tigre
 uniforme uniforme	 verre verre	 wapiti wapiti	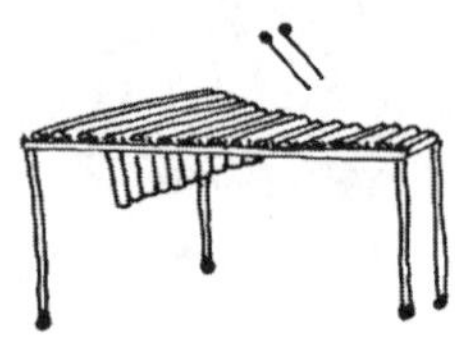 xylophone xylophone
 yeux yeux	 zèbre zèbre		

Séance 4 :

◆ ***Fiche-élève 13 :***

• Dans chaque case relier les lettres qui sont les mêmes.

b E a c A A n a f a	E v s e B Q E e i
G o o d O k z r O	d m e v u U U u z
a s f S j p S u s d	i I m h F A I f i

SÉANCE 5 :

◆ ***Fiche-élève 14 :***

• Réécrire (ou découper et coller) les mots dans la colonne qui correspond à la manière dont ils sont écrits.

LAPIN	maison	nuage	ours	poule	quille
Bernard	soleil	TARTE	usine	Maman	wagon
xylophone	yaourt	ZÉRO			

A, B, C, D, E, F …	a, b, c, d, e, f …	A, B, C, D, E, F … a, b, c, d, e, f …
....	....	....
....	....	....
....	....	....
	....	....
		....
		....
		....
		....

Séquence 5 : Des mots, des phrases

Séances 1, 2 et 3 :

◆ *Fiche-élève 15 :*

L'**A**beille vole dans le ciel,
au-dessus des fleurs de miel.

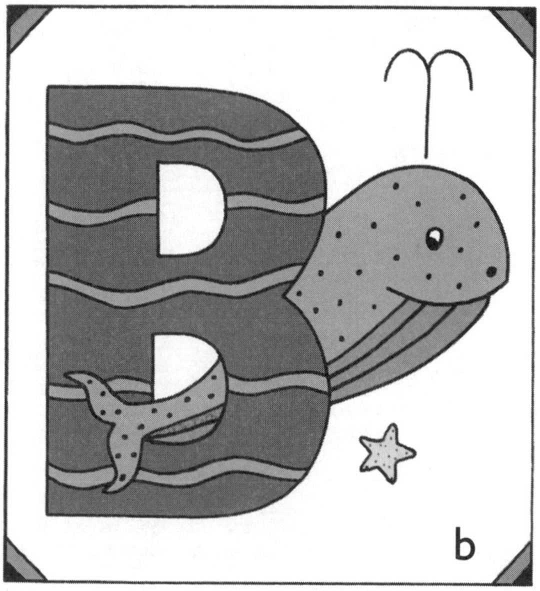

La **B**aleine sort de l'eau,
elle envoie un jet très haut.

Le **C**améléon dort déjà,
mais cela ne se voit pas.

Le **D**indon vient d'Amérique,
c'est un oiseau historique.

Illustrations : Heidrun Boddin, *Des singes, des girafes, des abeilles ...* (Mila Éditions)

L'**É**léphant est mal en point,
sans lunettes, il ne voit rien !

La **F**ourmi, sur son perchoir,
agite ses antennes noires.

L'**U**rus, ce petit bison,
est aussi doux qu'un mouton.

Cette **V**ache est vraiment fière
de son lait et son gruyère.

Illustrations : Heidrun Boddin, *Des singes, des girafes, des abeilles …* (Mila Éditions)

Les Mouches ont beaucoup de pattes
mais ne sont pas des mille-pattes.

Le Naja fait un grand nœud,
de la tête à la queue.

Le Singe attrape son échelle
et il grimpe vers le ciel.

La Tortue se réjouit,
dans le champ de pissenlits.

Illustrations : Heidrun Boddin, *Des singes, des girafes, des abeilles ...* (Mila Éditions)

SÉANCE 4 :

◆ ***Fiche-maître 8 :***

 ordinateur	 île ....
 arrosoir	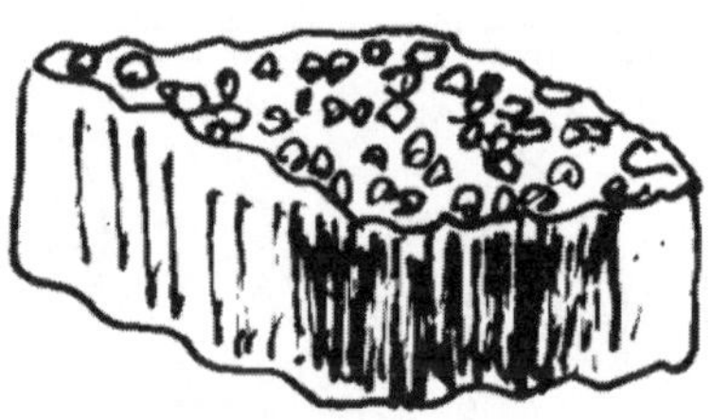 éponge ....
 requin	 salade ....

Séquence 7 : Évaluation

◆ ***Fiche-élève 16 - Évaluation 1 :***

• Fais une croix dans la case si le document est tiré d'un abécédaire.

Alain Broutin, Frédéric Stehr,
Calinours va faire les courses
(Petite bibliothèque de l'école des loisirs)

La fête des lettres **(Nathan)**

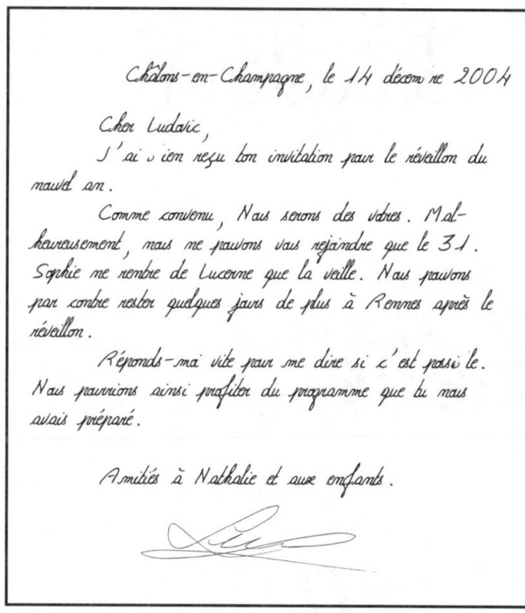

Châlons-en-Champagne, le 14 décembre 2004

Cher Ludovic,

J'ai bien reçu ton invitation pour le réveillon du nouvel an.

Comme convenu, nous serons des vôtres. Malheureusement, nous ne pouvons vous rejoindre que le 31. Sophie ne rentre de Lucerne que la veille. Nous pouvons par contre rester quelques jours de plus à Rennes après le réveillon.

Réponds-moi vite pour me dire si c'est possible. Nous pourrions ainsi profiter du programme que tu nous avais préparé.

Amitiés à Nathalie et aux enfants.

GÂTEAU AU YAOURT

Ingrédients :
1 yaourt nature. On prend son pot comme mesure :
2 pots de farine
2 pots de sucre
1/2 pot d'huile
3 oeufs
1/2 sachet de levure chimique
sucre vanillé

Préparation :
Allumer le four à 180 °C (th. 6).
Mélanger tous les ingrédients dans un moule beurré, et le mettre au four 1/2 heure (plus ou moins).

◆ ***Fiche-élève 17 - Évaluation 2 :***

• Entourer la première lettre de chaque prénom.

LÉO

MARTIN

Nicolas

Doriane

Sébastien

Corentin

Amélie

Bastien

Émilien

Yasmine

◆ ***Fiche-élève 18 - Évaluation 3 :***

cadeau

C	c
C	c

mouton

M	m
M	m

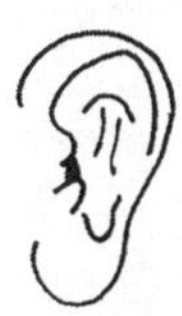

oreille

O	o
O	o

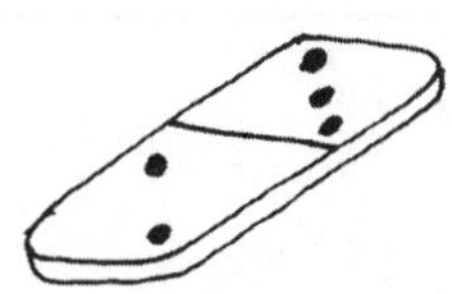

domino

D	d
D	d

Illustrations : Lecture plus (ACCÈS Éditions)

◆ ***Fiche-maître 9 - Évaluation 3 :***
• Ce qui est attendu des enfants.

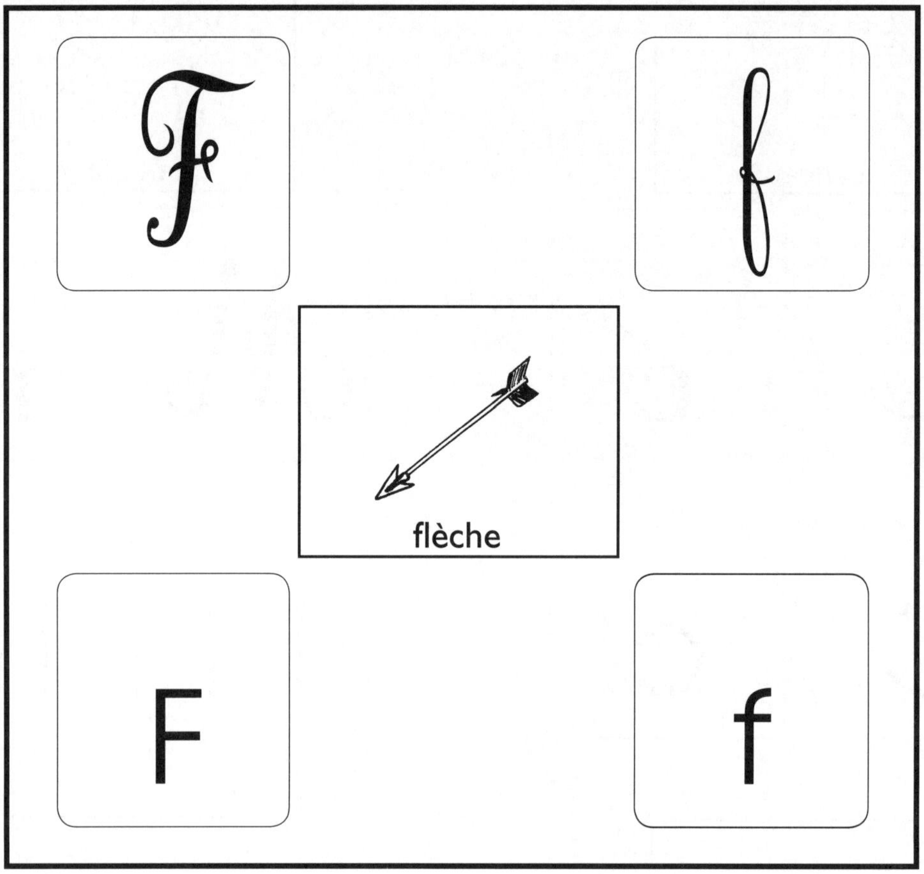

Illustration : Lecture plus (ACCÈS Éditions)

◆ ***Fiche-élève 19 - Évaluation 4 :***
- Classer les mots de chaque liste dans l'ordre alphabétique (les écrire ou les coller).

LAPIN	VER	OISEAU	CHAMPIGNON

1 ....

VACHE	ÂNE	MOUTON	POULE

2 ....

DEUXIÈME PARTIE

LA LISTE

I - La liste :
Projet pédagogique du maître

Le travail sur la liste s'étend sur 5 séquences, de préférence au cours du second trimestre.
Il s'agit de sensibiliser les élèves à la présentation de la liste, à sa fonction (qui la compose, pour qui, pour faire quoi ?).

Les caractéristiques de l'écrit à produire

◆ une disposition particulière :
- les éléments linguistiques sont rangés en colonne ;
- chaque ligne ne contient qu'un élément précédé d'un tiret ;

◆ la liste peut être constituée :
- de dessins ;
- de groupes nominaux (déterminant, nom, adjectif) ou de noms seuls ;

◆ dans une liste il peut y avoir un ordre.

Ce qui est attendu des élèves

Ils doivent être capables :

◆ de reconnaître une liste parmi d'autres écrits ;

◆ d'écrire une liste pour une activité précise en respectant la présentation ;

◆ d'expliquer sa fonction (se rappeler, organiser ...) ;

◆ de dire qui l'a composée, pour qui, pour faire quoi.

Les activités

◆ présentation et étude de listes en fonction des activités de la classe ;

◆ copie de listes ;

◆ mémorisation de listes ;

- collecte des éléments constituant une liste (ingrédients, ustensiles, matériel...) ;
- élaboration progressive de la grille de relecture de la production finale ;
- activités décrochées : sur les déterminants, sur le pluriel, sur les adjectifs, sur le lexique utilisé ;

Production finale

Établir des listes en fonction d'une activité précise (la confection d'un gâteau) qui sera effectivement réalisée.

Réinvestissement

Au cours de l'année : écriture de listes chaque fois qu'une situation de classe s'y prête.

L'évaluation envisagée

- reconnaître une liste parmi d'autres écrits ;
- reconstituer une liste ;
- écrire des listes en les présentant correctement.

Grille d'évaluation des acquis des élèves

Nom :	Prénom : ....
☐ reconnaît une liste parmi d'autres écrits ; ☐ respecte la présentation de la liste ; ☐ sait constituer une liste correspondant à une demande ; ☐ sait écrire une liste correspondant à une demande.	

II - La liste :
Projet de production pour les élèves et intention de communication

Les projets de production sont nombreux car à l'école maternelle, suivant les activités de la classe, on a souvent besoin d'écrire des listes : listes de matériel pour le bricolage, pour le parcours de gym, listes d'ingrédients pour la cuisine, listes d'objets divers, listes des prénoms, listes des jouets de Noël, listes de mots ...
Les destinataires sont divers : les parents, la maîtresse ou le groupe-classe ...

III - La liste :
Projet d'apprentissage de l'élève

L'enseignant essaie de connaître les représentations que les enfants ont de la liste :

- à quoi cela sert ?
- qui en fait ?
- pourquoi ?
- comment ?

Il recense ce qu'ils connaissent et ce qu'il va falloir apprendre :

- sa fonction,
- son contenu,
- sa présentation.

IV - LA LISTE :
LES DIFFÉRENTES SÉQUENCES

SÉQUENCE 1 : Des listes

SÉANCE 1 :

1) Questionnement oral pour faire le point sur ce que les enfants savent.

- ***Qu'est-ce qu'une liste ?***
- ***Quelles listes connaissent-ils ?***
- ***Qui fait des listes ? Pour qui ?***
- ***À quoi sert une liste ?***

2) Présenter la liste des élèves de la classe par ateliers.

- ***Le maître prend note des remarques des enfants.***
- ***Remarques attendues :***
  - succession de mots écrits les uns en dessous des autres,
  - présence de majuscules (pourquoi ?) …

3) Présenter la liste des élèves sur le cahier d'appel :

- ***Demander aux enfants de quelle liste il s'agit.***
- ***Remarquer :***
  - les numéro,
  - l'ordre alphabétique,
  - les majuscules …

4) Commencer une affiche collective sur laquelle seront notées les caractéristiques de la liste :

- Les mots sont les uns sous les autres.
- Si ce sont des prénoms ou des noms, il faut mettre une majuscule.
- Les noms peuvent être écrits dans l'ordre alphabétique.

5) Production écrite intermédiaire

- ***Fiche-élève 1 :***
  - Reconstituer une liste d'élèves en récrivant les prénoms (dans l'ordre alphabétique) et l'un en dessous de l'autre. S'aider de l'abécédaire pour l'ordre alphabétique.

SÉANCE 2 :

1) Présenter différentes listes d'élèves :

- les groupes d'ateliers,
- les enfants qui mangent à la cantine,
- les enfants qui prennent le car,
- les groupes de filles-garçons etc.

◆ ***Mettre en évidence l'utilité de la liste :***

- garder en mémoire,
- organiser ...

2) Rechercher les listes nécessaires en classe :

- ce dont il faut se souvenir,
- ce qu'il faut organiser.

◆ ***Compléter l'affiche collective avec les différentes listes.***

3) Production écrite intermédiaire

- En dictée à l'adulte, établir une liste d'enfants dont on aura besoin pour le travail en atelier. Les enfants disposent de la liste des élèves de la classe.

SÉANCES 3 ET 4 :

1) Lecture et tri (Travail en petits groupes, successivement)

◆ ***Fiche-maître 1 :***

- Présenter aux enfants différents documents :
  - un extrait d' annuaire,
  - une recette,
  - un pense-bête,
  - une liste des livres,
  - une fiche pédagogique présentant un parcours en EPS.
- Bien faire dire pour chaque liste :
  - ce qu'elle contient (le nom des abonnés du téléphone de Sept Saulx, les ingrédients pour un gâteau, etc.),
  - où on la trouve,
  - qui l'a composée,
  - à qui elle est destinée,
  - à quoi elle sert,
  - comment elle est présentée.
- Sur les différents documents, faire entourer les listes puis les coller sur l'affiche collective.
- Ajouter aussi sur cette affiche une autre caractéristique dégagée : à chaque « chose » différente, on va à la ligne et on met un tiret.

SÉANCE 5 :

1) Lire l'album *Le loup sentimental* (G. de Pennard, l'école des loisirs) et oralement recomposer la liste donnée à Lucas par le grand-père.

2) Production écrite intermédiaire

◆ ***Fiche-élève 2 :***

- Répondre collectivement aux deux premières questions puis laisser chaque enfant faire sa liste.

- Vérifier ensuite avec chacun, en s'aidant de l'affiche collective, si les caractéristiques de la liste ont bien été respectées.

Séance 6 :

1) Production écrite intermédiaire

◆ ***Fiche-élève 3 :***

- Demander aux enfants d'aider Roméo à écrire la liste de ce qu'il doit mettre dans son panier de pique-nique. Attention, il y a des intrus !
- Ensuite, vérifier si chacun a bien respecté les caractéristiques de la liste en s'aidant de l'affiche collective.

Séquence 2 : À partir d'un album : *Calinours va faire les courses*

Séance 1 :

1) Lire un album : *Calinours va faire les courses* (A. Broutin, F. Stehr, l'école des loisirs).

- Suite à la lecture de l'histoire, les enfants reconstitueront en dictée à l'adulte, au choix :
  - la liste des animaux rencontrés,
  - la liste des courses,
  - la liste des objets échangés.

◆ ***Fiches-élève 4 et 5.***

- Pour chaque liste de la fiche 5, les élèves colleront les dessins de la fiche 4 qui correspondent.

Séance 2 :

1) Production écrite intermédiaire

- Reprendre la liste des animaux rencontrés et demander aux enfants en travail écrit de reconstituer la liste des animaux à poils.
- Vérifier en s'aidant de l'affiche collective si les caractéristiques de la liste sont respectées.

Séance 3 :

1) Production écrite intermédiaire

- Reprendre la liste des animaux rencontrés et demander aux enfants en travail écrit de reconstituer la liste des animaux à plumes.
- Vérifier en s'aidant de l'affiche collective si les caractéristiques de la liste sont respectées.

SÉQUENCE 3 : Autour du déterminant et du nom

SÉANCE 1 :

1) Classement

◆ ***Fiche-maître 2 :***
- Lire la fiche et faire remarquer ce qui manque.
- Ajouter ensemble les petits mots en dictée collective :

- quatre,	- un,	- du,
- cinq,	- un,	- une,
- une,	- des,	- des.
- un,		

- Colorier les déterminants pluriels et les « s » à la fin des mots.

◆ ***Fiche-élève 6 :***
- Ajouter ensemble :
  - le,
  - la,
  - l'.
- Faire écrire « les abeilles » et entourer le « s » à la fin du déterminant et du nom.

SÉANCE 2 :

1) Classement

◆ ***Fiche-élève 7 :***
- Dans le premier exercice, faire ajouter les déterminants manquants, entourer les déterminants pluriels et les « s » à la fin des mots.
- Les enfants feront les deux autres exercices seuls.

2) Activités décrochées

◆ ***Des exercices où il faut trouver devant le mot, le bon déterminant : Lexidata ou autres fiches.***

SÉQUENCE 4 : Autour de l'adjectif

SÉANCE 1 :

1) Lecture et tri

◆ ***Reprendre la liste des objets échangés et relire la partie de l'album « Calinours » les concernant.***
- On verra qu'en fait, on parle d'un **beau** chapeau, de **jolies** plumes, d'un **beau** nœud papillon, d'un **beau** nez rouge.
- Faire remarquer aux enfants que dans certains cas, des mots apportent des renseignements supplémentaires.

◆ ***Fiche-élève 8 :***
- Faire entourer ces mots.
- Rechercher d'autres renseignements possibles : taille, autres couleurs..... et recopier une liste d'adjectifs.

2) Activités décrochées

◆ ***Lire des portraits et faire remarquer les adjectifs.***

Séance 2 :

Production écrite intermédiaire

◆ ***Fiche-maître 3 :***

- Par petits groupes, successivement, en dictée à l'adulte, reconstituer par écrit la liste des éléments nécessaires pour monter le parcours.
- Entourer les marques de pluriel.

Séquence 5 : Production écrite finale

Séance 1 :

◆ ***Fiche-élève 9 :***

- Le maître et les enfants vont réaliser le gâteau dont la recette est donnée. Les ingrédients sont soulignés et les ustensiles sont écrits en italiques.
- Lire la recette ensemble.
- Par groupes de 4 avec le maître, écrire la liste des ingrédients.
- Chacun écrira celle du matériel en s'aidant du lexique page 17. On regardera dans la cuisine si on a bien tout le matériel.
- Vérifier avec les caractéristiques définies si les listes sont bien écrites.
- Une liste de courses est établie Collectivement.

Séance 2 :

◆ ***Un groupe d'enfants va faire les courses avec le maître ou chaque enfant demande par écrit à ses parents un ingrédient de la liste.***

Séance 3 :

◆ ***Réalisation du gâteau et bon appétit !***

Séquence 6 : Évaluation sur plusieurs séances

◆ ***Fiche-élève 10 :***

- Reconnaître une liste parmi d'autres écrits.

◆ ***Fiche-élève 11 :***

- Réaliser une liste en choisissant parmi des illustrations les ustensiles nécessaires à un atelier de cuisine.

◆ ***Fiche-élève 12 :***

- Écrire une liste d'ustensiles et d'ingrédients.

V - La liste :
documents pour les séquences

SÉQUENCE 1 : Des listes

SÉANCE 1 :

◆ ***Fiche-élève 1***

• *Réécrire les prénoms sous la forme d'une liste, en respectant l'ordre alphabétique.*

Aurélie

Florent

Zoé

Jonathan

Kévin

Bastien

Laura

Marie

Liste des prénoms dans l'ordre alphabétique.

....

....

....

....

....

....

....

....

SÉANCES 3 ET 4 :

◆ *Fiche-maître 1 :*

Sept Saulx [51400]

Circ. tarifaire de : REIMS

Numéros d'urgence

Pompiers	18
Gendarmerie nationale	03 26 03 92 40
SAMU	15
EDF(sécurite dépannage)	
Numéro Azur	0 810 333 051

ALF' ALLIANCE r Gen de Gaulle	03 26 89 58 30
technique	03 26 89 58 39
administratif	03 26 89 58 38
ANTOINE Daniel 5 r Désirette	03 26 03 93 08
AUBET André-Charles	
15 r Gén de Gaulle	03 26 06 02 64
BABILON Olivier 6 r Espérance	03 26 02 21 26
BAUDAT Valerie 16 r Tabur	03 26 88 10 75
BAULARD Damien 23 r 11 Novembre	03 26 88 29 04
BEAUDOIN Jean-Louis 15 r Tabur	03 26 03 92 83
B.E.C.S (Bureau Etudes	
Coordination Securité)	
5 r 11 Novembre	03 26 03 28 74
BENOIT Jean-Marie	
14 ter r 11 Novembre	03 26 03 23 13
BENZAL Robert 33 r 11 Novembre	03 26 02 49 23
BERWEILLER Jerôme plomb zing	
zone artisanale Sept Saulx	03 26 35 22 18
. Jerôme zone artisanale Sept Saulx	03 26 40 48 52
BONHOMME Marie-Antoinette	
48 r 11 Novembre	03 26 03 94 81
. Michel 50 r 11 Novembre	03 26 03 91 65
BOUCHE Laurent 45 r Gén de Gaulle	03 26 03 88 19
BOULANGER Marilyn et Cedric	
2 r Buissotelle	03 26 03 24 47
BOURIANES Christian	
52 r 11 Novembre	03 26 03 97 32
BOUVIER Paul 10 r Gén de Gaulle	03 26 03 91 42
. Philippe 12 r Gén de Gaulle	03 26 03 97 15
BUFFIN Leatitia 14 r Château	03 26 88 18 40
BUI Van-Thien 4 r Gén de Gaulle	03 26 05 17 95
CAHIER Patrick 1 r Paix	03 26 03 93 00
CAMUS Thierry 20 r 11 Novembre	03 26 03 24 29
CANIVET Louise 52 r Gén de Gaulle	03 26 03 94 33
. Marcel 11 r Liberation	03 26 03 91 94
CATANT Claude 11 bis r Liberation	03 26 03 93 55
CAZORLA David 56 r 11 Novembre	03 26 05 89 36
CHAMPAGNE CEREALES r Liberation	03 26 03 91 04
CHANTEUX Pierre 12 r Alouettes	03 26 03 24 93
CHAPPUY Claudie 19 r Gen de Gaulle	03 26 88 30 28
. Frederic 19 r Gen de Gaulle	03 26 88 30 28
CHARTIEZIX Jean-Pierre	
9 r Liberation	03 26 03 95 90
CHASSEIGNE Mireille 2 r Desirette	03 26 88 24 07
CHAUFFERT Albert 41 r Gen de Gaulle	03 26 03 96 13
. Henri 39 r Gen de Gaulle	03 26 03 99 30
. Jean 2 r Ecoles	03 26 03 93 31
CHAUMET Stéphane	
2 bis r Buissotelle	03 26 03 94 98
CHEF Herve 32 r 11 Novembre	03 26 03 93 98
CHRISTOPH Jacques et Sandrine	
29 r Gen de Gaulle	03 26 88 30 53
COILOT Michel 10 r Château	03 26 03 96 68
COPIN Pascal 36 r Gen de Gaulle	03 26 03 96 50
DARDENNE Francis 14 r Tabur	03 26 03 94 10
DEGLAIRE Patricia 8 r Libération	03 26 03 93 19
DEKINT Isabelle 1 r Tabur	03 26 50 77 23
DELANDRE Dominique	
43 bis r Gén de Gaulle	03 26 61 72 87
DEPRET Sébastien 9 r Espérance	03 26 88 92 39
DESJARDINS Francis 6 r Gare	03 26 03 93 85
DEVARENNE Denis	
10 pl Pierre Lefevre	03 26 03 23 62
DISTRICT DES RIVES DE PROSNE	
ET VESLE 7 pl Pierre Lefevre	03 26 03 94 64
DITTE Maurice 4 r Buissotelle	03 26 04 81 65
DUFRENE Gilles 14 r Château	03 26 88 18 40
ECOLE MATERNELLE r Gare	03 26 03 96 64
ECOLE PRIMAIRE 5 r Gare	03 26 03 24 34
EDINE (SCI) 3 all Acacias	03 26 02 46 61
FINFE Serge 31 r 11 Novembre	03 26 03 92 31
FORCARD Michaël 1 r Tabur	03 26 50 77 23
FOURNIER Frederic	
entrepr menuis 56 r Gén de Gaulle	03 26 03 24 86
GABREAU Paulette 43 r Gén de Gaulle	03 26 03 92 36
GARIGLIETTI Emmanuelle	
41 r 11 Novembre	03 26 91 65 23
GELDHOF Pierre	03 26 03 92 69
GIRARDOT Francis	
15 pl Pierre Lefèvre	03 26 03 92 72
GODBILLION Jean-Guy	
21 r 11 Novembre	03 26 03 93 84
GREFFIER Josiane 1 r Eglise	03 26 91 16 33
. Leon 5 r Moulin	03 26 03 90 94
GRIFFON-MASSART Didier	
agricult élev pl Edouard Mignot	03 26 03 95 86
fax • 03 26 03 98 91	
GRISAT C 12 r Château	• 03 26 03 24 20
GUENARD Michel 7 r 11 Novembre	03 26 03 96 90
GUIARDEL Claude 8 pl Pierre Lefèvre	03 26 88 21 96
GUILLAUME Pascal 32 r Gen de Gaulle	03 26 03 96 67
HALIMI Alice 23 r 11 Novembre	03 26 88 29 04
HAN Nelly 20 r Gén de Gaulle	03 26 91 02 51
HANIF Samina 48 r Gén de Gaulle	03 26 04 68 37
HENEAUX Guy 19 r Liberation	03 26 03 92 48
HERVET-GIRARDOT Gilles	
18 r 11 Novembre	03 26 03 91 50
HÔTEL DU CHEVAL BLANC	
2 r Moulin	03 26 03 90 27
HOTEL DU CHEVAL BLANC	
service reservation 2 r Moulin	
Numero Vert	0 800 131 543
HUICHARD Michel 33 r Gen de Gaulle	03 26 03 98 78
HUT Eric 2 r Alouettes	03 26 03 24 32
JOLLY Bernard 7 r Gen de Gaulle	03 26 03 23 77
. Caroline 6 r Gen de Gaulle	03 26 88 36 81
JOLLY Claude agricult élev	
23 r Gén de Gaulle	• 03 26 03 90 42
19 r Gen de Gaulle	▸ • 06 07 96 55 96
23 r Gen de Gaulle	
fax • 03 26 03 24 31	
JOLLY Denis 18 r Tabur	03 26 03 90 19
. Irène 40 r 11 Novembre	03 26 03 91 93
. Jacques 11 r Gen de Gaulle	03 26 03 99 69
. Jean-Marie 39 r 11 Novembre	03 26 03 94 47
. Michel 4 r Paix	03 26 03 97 08
. Roger 7 pl Pierre Lefevre	03 26 03 92 25
KAPLON Ingrid 4 r Desirette	03 26 89 04 46
LALANNE Jerome	
14 bis r 11 Novembre	03 26 02 46 04

L'annuaire téléphonique de la Marne (Pages jaunes SA)

Pour réussir de bonnes crêpes, il vous faut :
- *250 grammes de farine*
- *1 cuillère à soupe de sucre semoule*
- *2 sachets de sucre vanillé*
- *1 pincée de sel*
- *1/2 litre de lait*
- *3 oeufs*
- *3 cuillères à soupe d'huile.*

Dessin : Yannick Lebrun CDDP Marne

◆ ***Fiche-maître 1 (suite) :***

Soupe au potiron

Ingrédients :

400 gr. de potiron 

4 pommes de terre 

un oignon 

sel 

poivre 

trois cuillerées de crème fraîche 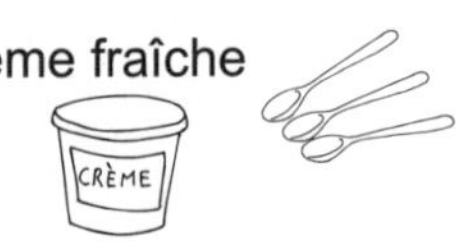

Matériel :

1 casserole 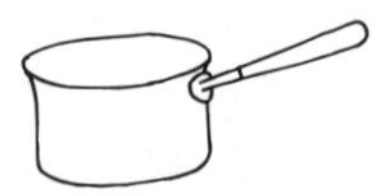

1 couteau 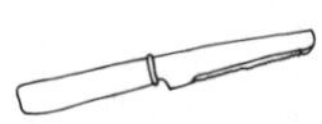

1 moulin à légumes 

MATÉRIEL NÉCESSAIRE POUR LES RECETTES :

1 planche à pain
1 planche à hacher
1 couteau à pain
1 petit couteau pointu
1 couteau de table
1 couteau à tartiner ou couteau à beurre
1 demi-lune
1 cuillère à soupe
1 cuillère à café
1 fourchette
1 mortier avec pilon
1 bol
1 égouttoir à salade
1 saladier

1 râpe
1 presse-citron
1 huilier
1 salière
1 poivrière ou moulin à poivre
1 plateau ou grand plat ovale
- **papier absorbant**
- **papier blanc à découper en napperons**
- **ciseaux à découper le papier**
- **tablier**
- **torchon**
- **éponge**
- **savon liquide**

Faisons des tartines (SEPALC - Centre d'information des farines et du pain)

◆ *Fiche-maître 1 (suite) :*

LISTE DES RECETTES

RECETTES SALÉES

① Pain beurré aux raisins secs et aux olives
② Pain à l'huile d'olive et aux tomates
③ Pain aux anchois
④ Pain aux anchois et à la tomate
⑤ Pain au jambon et aux cornichons
⑥ Pain au poulet et aux olives noires
⑦ Pain au filet de porc et aux oignons tendres
⑧ Pain au fromage et à la tomate
⑨ Pain aux langoustines
⑩ Pain aux langoustines et à la salade
⑪ Pain au fromage de Roquefort et au céleri
⑫ Pain au fromage de Roquefort et aux noix
⑬ Pain au fromage et aux noisettes
⑭ Pain au fromage et au concombre

RECETTES SUCRÉES

⑮ Pain au sucre et aux violettes
⑯ Pain de Vienne au miel et aux amandes grillées
⑰ Pain brioché aux pommes et aux noix
⑱ Pain brioché au chocolat et à la menthe
⑲ Pain brioché au chocolat et à l'orange
⑳ Pain brioché au chocolat aux marrons et à la Chantilly

Faisons des tartines (SEPALC - Centre d'information des farines et du pain)

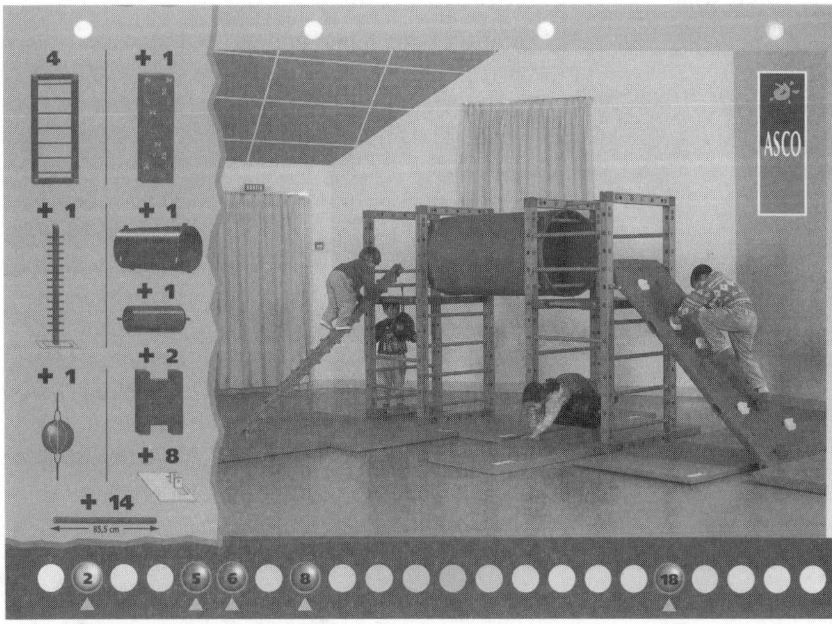

Fichier d'activités EPS (ASCO)

Mopi découvre ...

1. Mopi chez les abeilles
2. Mopi et l'âne
3. Une souris chez Mopi
4. Le hibou au secours de Mopi
5. Mopi est invité à l'école
6. Mopi et les escargots
7. Mopi chez les écureuils
8. Mopi au bord de la rivière
9. Mopi et le planeur
10. Mopi sauve un enfant du feu
11. Mopi circule en voiture
12. Mopi découvre le printemps
13. Mopi et le lapin de garenne
14. Mopi fait une rencontre piquante
15. Mopi et la poule
16. Mopi découvre l'automne

Mopi (Éditions CASTEILLA)

◆ ***Fiche-maître 1 (suite) :***

Crème à la banane

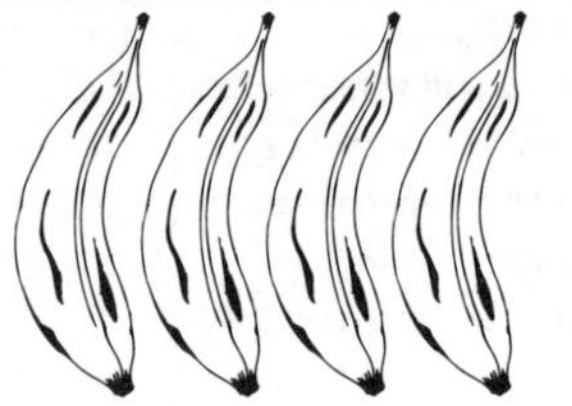

4 bananes bien mûres

1 yaourt nature

1 pomme

1 petit pot de crème fraîche

2 cuillères à café de miel

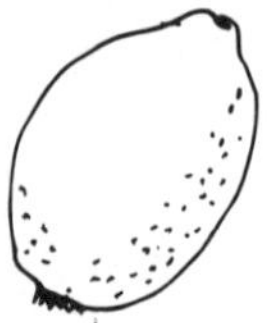

1 citron

Clafoutis aux cerises

Préparation 45 minutes Cuisson 40 minutes

Quantités pour 6 personnes

30 g de farine
1 pincée de sel
50 g de sucre
20 g de beurre
4 œufs
1/2 litre de lait
1 gousse de vanille
750 g de cerises noires
1 noix de beurre
sucre glace

Ustensiles

2 terrines :
1 grande et 1 petite

1 casserole moyenne
2 casseroles pour le bain-marie
1 cuillère en bois et 1 louche
1 fouet à main
1 dénoyauteur
1 moule à gâteau de 22 cm de diamètre
1 couteau
1 verre à mesurer

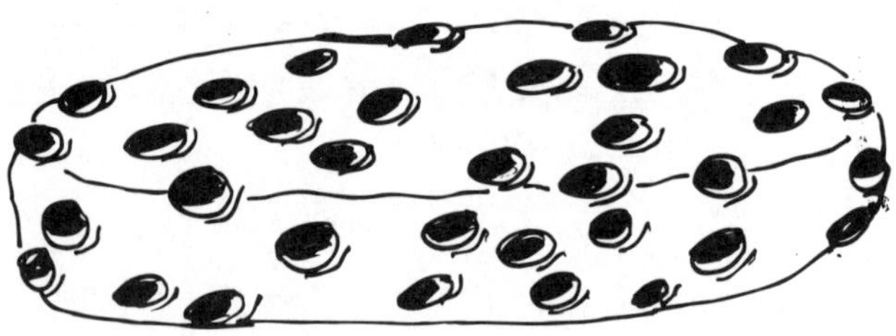

SÉANCE 5 :

◆ ***Fiche-élève 2 :***

Qui a écrit la liste ? ....

Pour qui ? ....

le père

la mère

Lucas

la chèvre et les chevreaux

le petit chaperon rouge

Liste de ce que Lucas peut manger :

les trois petits cochons

- ....
- ....
- ....
- ....
- ....

Pierre

l'ogre

Le loup sentimental de Geoffroy de Pennart (coll. « kaléidoscope », l'école des loisirs)

SÉANCE 6 :

◆ ***Fiche-élève 3 :***

• Écrire la liste de ce que Roméo va mettre dans son panier pour le pique-nique.

un sandwich

une poire

un yaourt

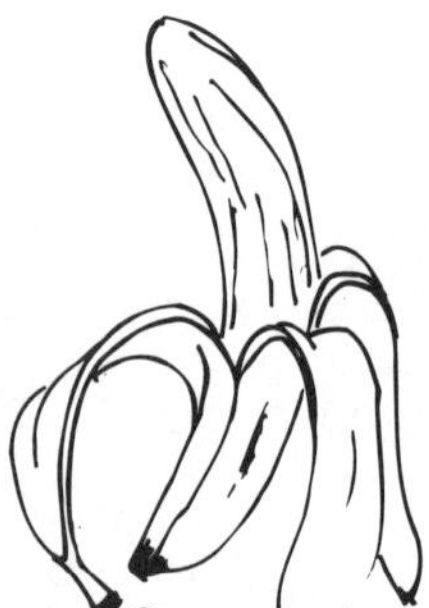

une banane

du jus de fruit

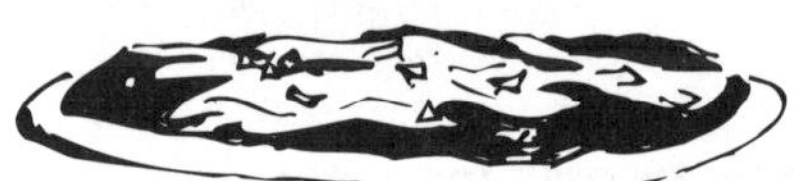

une pizza

Liste de ce que Roméo doit mettre dans son panier :

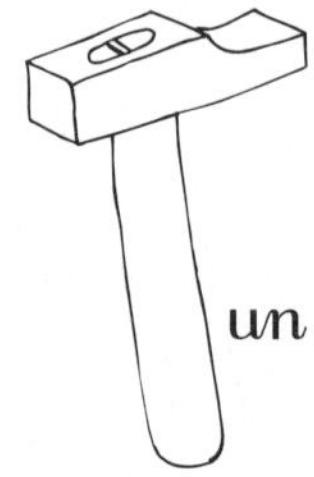

un marteau

• ....

• ....

• ....

• ....

un fer à repasser

• ....

• ....

Séquence 2 : À partir d'un album : *Calinours va faire les courses*

Séance 1 :

◆ ***Fiche-élève 4 .***

• Pour chaque liste de la fiche 5, coller les dessins qui correspondent.

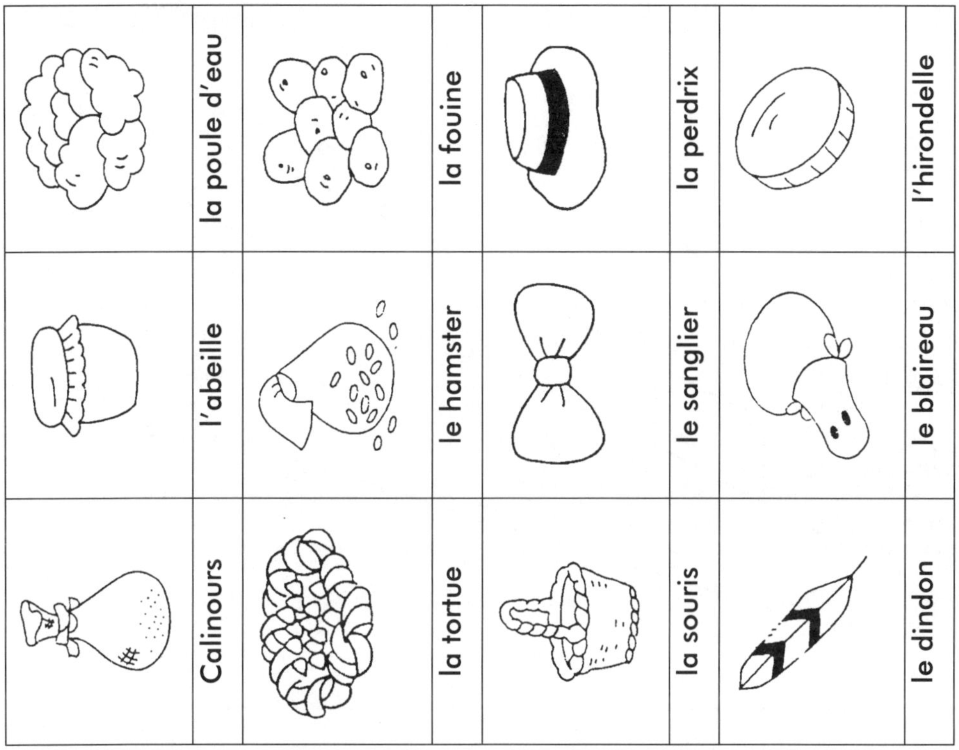

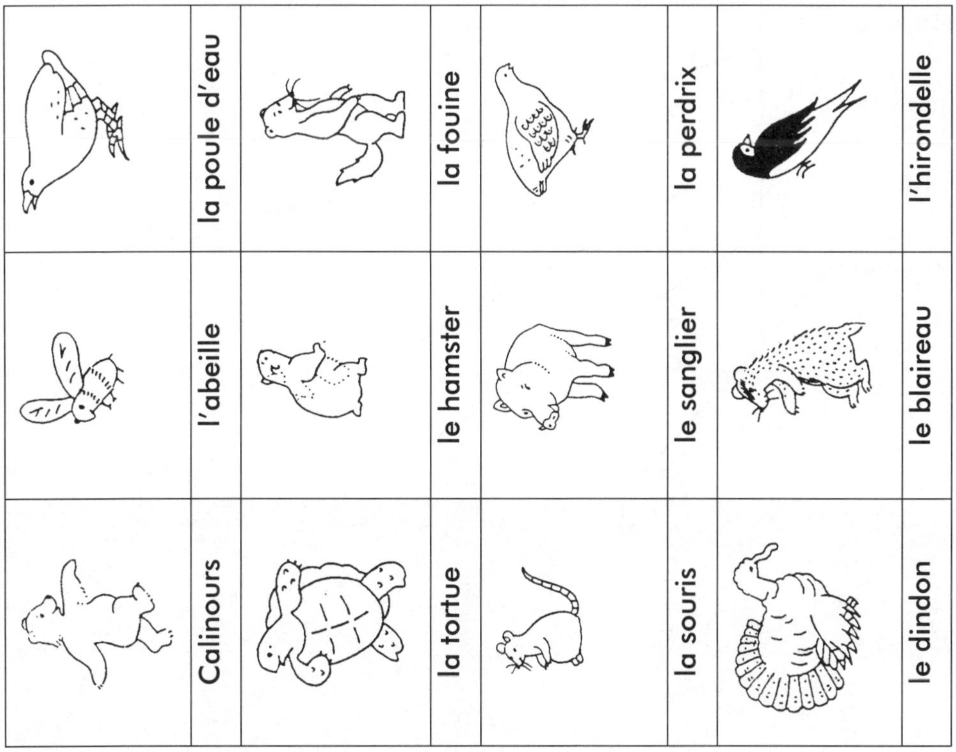

La classe maternelle, février 2002

◆ ***Fiche-élève 5 :***

Liste des animaux rencontrés par Calinours :

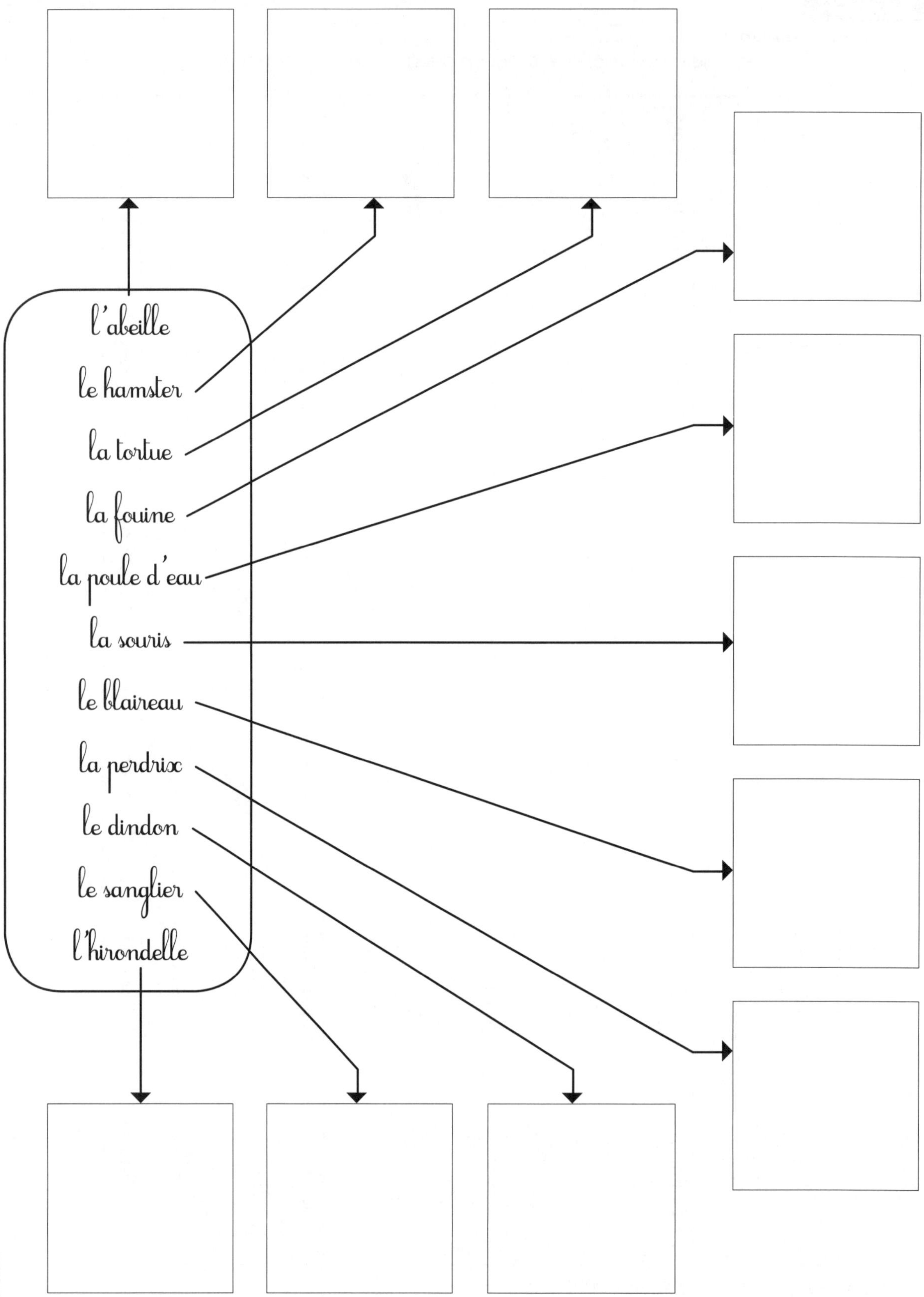

◆ ***Fiche-élève 5 (suite).***

Liste des courses :

de la laitue
un sac de farine
des berlingots
un gros sac de riz
du miel
des pommes de terre

Liste des objets échangés :

- un chapeau
- une plume
- un nœud papillon
- un nez

SÉQUENCE 3 : Autour du déterminant et du nom

SÉANCE 1 :

◆ ***Fiche-maître 2 :***

• Pour partir en classe de découverte, Mélanie a fait une liste de ce qu'elle doit emporter.

.... ___ maillots

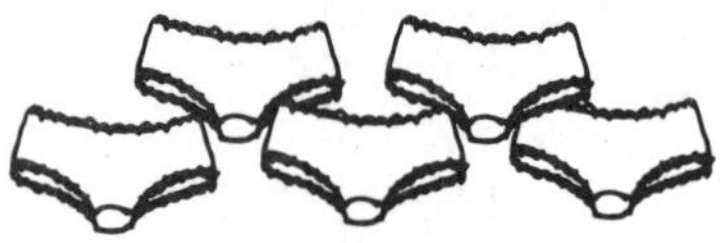

.... ___ culottes

.... ___ jupe

.... ___ pyjama

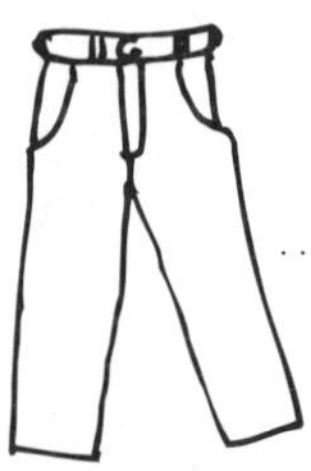

.... ___ pantalon

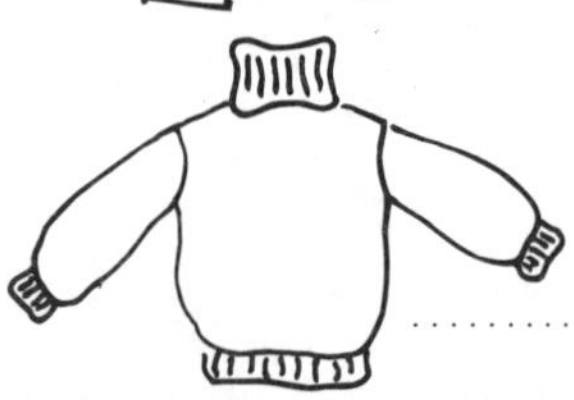

.... ___ pull

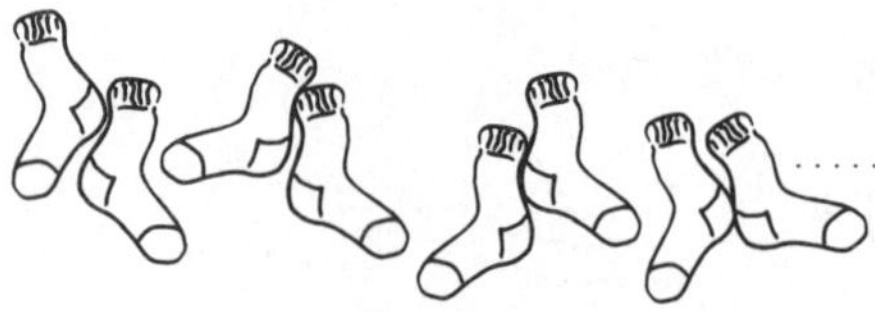

.... ___ chaussettes

.... ___ chaussures

.... ___ dentifrice

.... ___ brosse à dents

◆ ***Fiche-élève 6 :***

• Liste des animaux rencontrés par Calinours :

___ perdrix 

___ sanglier 

___ tortue 

___ souris 

___ dindon 

___ hamster 

___ fouine 

___ abeille 

___ blaireau 

___ hirondelle 

___ poule d'eau 

_______ _______________

Illustrations : *La classe maternelle,* février 2002

SÉANCE 2 :

◆ ***Fiche-élève 7 :***

• Liste des jouets commandés au Père Noël par Jérémie :

.... ___ poupée

.... ___ vélo

.... ___ patins

.... ___ montre

.... ___ ours en peluche

un
une
des

• Liste des animaux qui pondent des œufs :

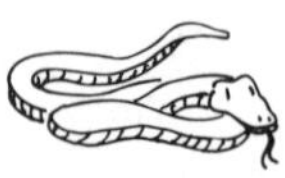
.... ___ serpent

.... ___ poule

.... ___ cygne

.... ___ pigeon

.... ___ crocodile

le
la

• Liste des outils du jardin :

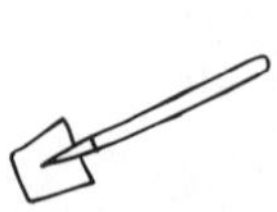
.... ___ bêche

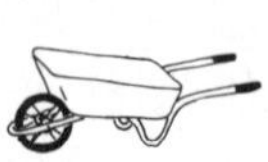
.... ___ brouette

.... ___ rateau

.... ___ arrosoir

un
une

SÉQUENCE 4 : Autour de l'adjectif

SÉANCE 1 :

◆ ***Fiche-élève 8 :***

• Liste des objets échangés :

	un chapeau un beau chapeau
	des plumes des jolies plumes
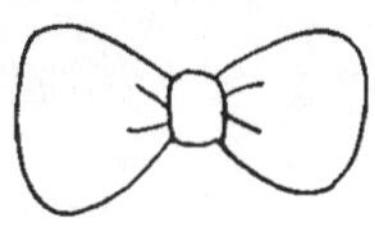	un nœud papillon un beau nœud papillon
	un nez un beau nez rouge

• Liste des objets échangés :

- ....

- ....

- ....

- ....

Illustrations : *La classe maternelle,* février 2002

SÉANCE 2 :

◆ ***Fiche-maître 3 :***

• À l'aide du lexique et de l'illustration, écrire la liste des éléments nécessaires pour monter le parcours.

• Liste du matériel :

- ....

- ....

- ....

- ....

- ....

- ....

Fichier d'activités EPS (ASCO)

◆ ***Fiche-maître 3 (suite) :***

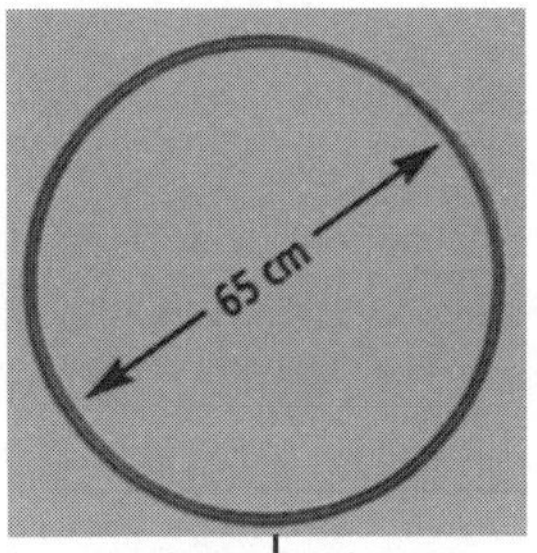

un grand cerceau
des grands cerceaux

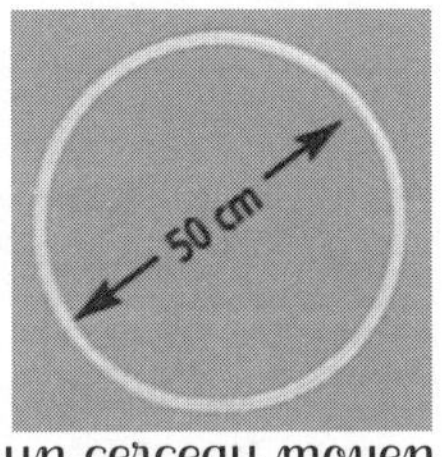

un cerceau moyen
des cerceaux moyens

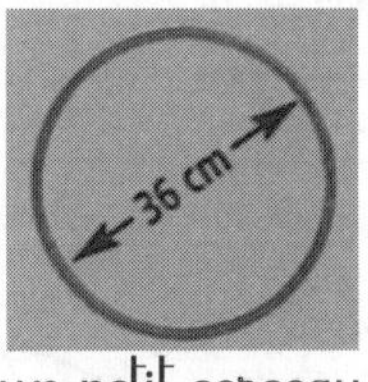

un petit cerceau
des petits cerceaux

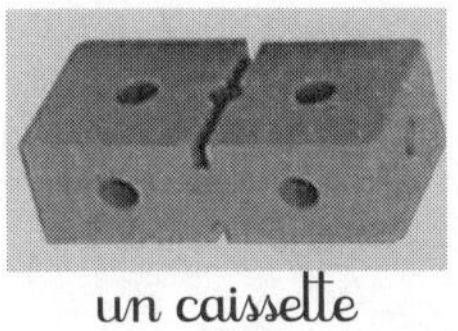

un caissette
des caissettes

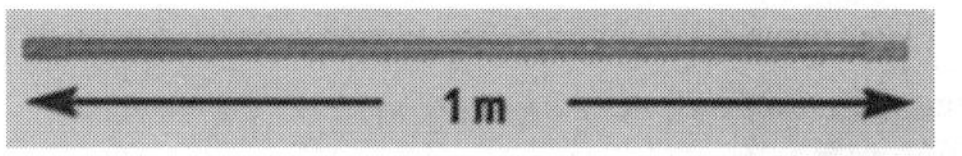

une baguette
des baguettes

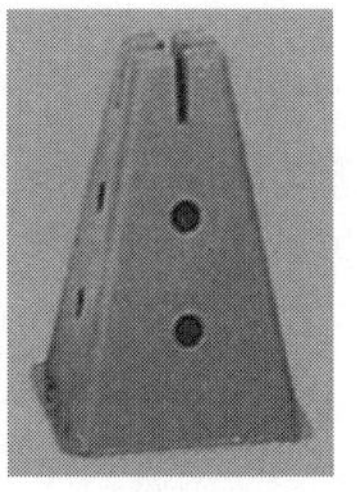

un cône
des cônes

une latte
des lattes

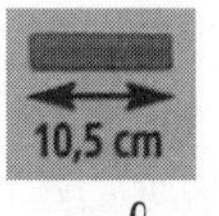

un embout
des embouts

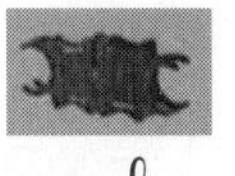

un clip
des clips

2 deux

10 dix

12 douze

15 quinze

Fichier d'activités EPS (ASCO)

SÉQUENCE 5 : Production écrite finale

SÉANCE I :

◆ ***Fiche-élève 9 :***

CRUMBLE AUX POMMES (pour quatre personnes)

1 - Allume le four à 180°. Etale de l'huile à l'intérieur d'*un plat à four.*	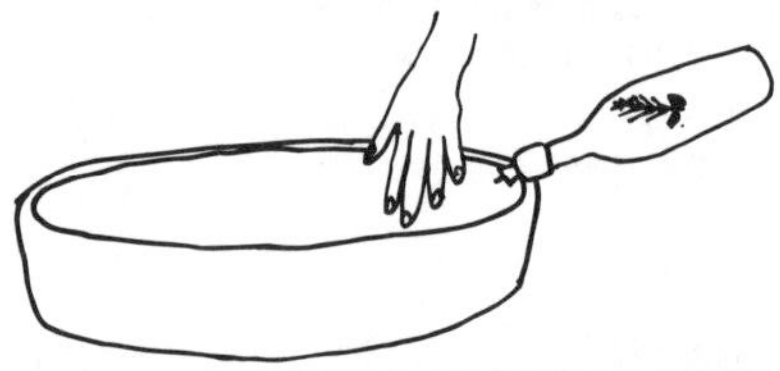
2 - Epluche 4 pommes avec *un couteau économe* et coupe-les en deux puis en quartiers avec *un couteau de cuisine.*	
3 - Dispose les quartiers de pommes dans le plat. Saupoudre avec un pot de sucre.	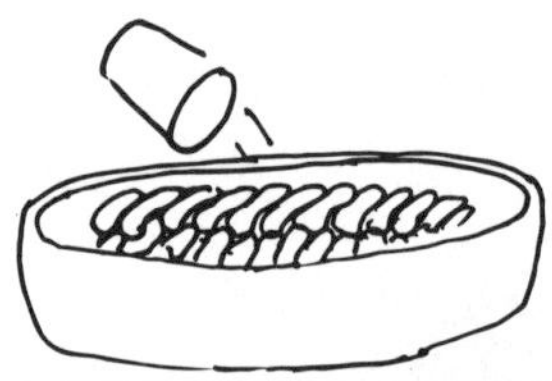
4 - Mets 1 pot de farine, 1 pot d'amandes en poudre, 1 pot de sucre, du sel dans *un grand bol.* Mélange bien.	
5 - Coupe un pot de beurre bien froid en petits morceaux .	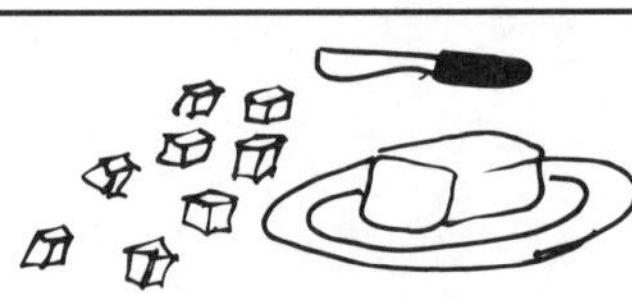
6 - Ajoute le beurre. Mélange. La pâte doit ressembler à du pain émietté.	
7 - Répartis la pâte sur les pommes. et fais cuire au four 45 minutes. Sers le crumble chaud ou froid.	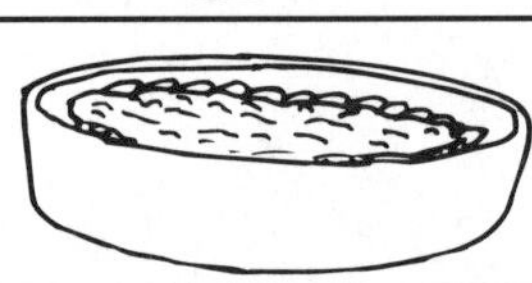

◆ ***Fiche-élève 9 (suite) :***

Liste des ingrédients	**Liste du matériel**
....	....
....	....
....	....
....	....
....	....
....	....
....	....
....	....
....	....
....	....

◆ ***Fiche-élève 9 (suite) :***

des pommes des pommes 	1 pot 1 pot 	du beurre du beurre 	du sucre du sucre 
du sel du sel 	des amandes en poudre des amandes en poudre 	de la farine de la farine 	de l'huile de l'huile 
un couteau de cuisine un couteau de cuisine 	un plat à four un plat à four 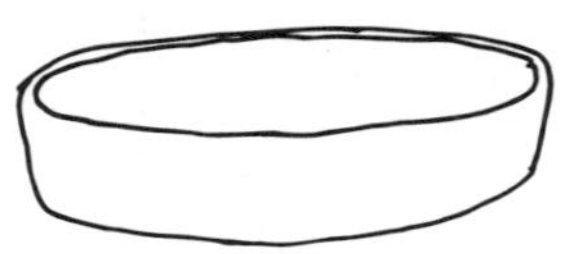	un couteau économe un couteau économe 	un grand bol un grand bol 

SÉQUENCE 6 : Évaluations sur plusieurs séances

◆ ***Fiche-élève 10***

• Mettre une croix dans la case où l'on reconnaît une liste.

☐

TOC, TOC, TOC, MONSIEUR POUCE

Toc, toc, toc, Monsieur Pouce es-tu là ?
Chut ! je dors

Toc, toc, toc, Monsieur Pouce es-tu là ?
Je ne veux pas sortir

Toc, toc, toc Monsieur Pouce es-tu là ?
Hop ! je sors

☐

matériel

- grand saladier
- cuillère en bois
- éplucheur
- couteau
- rouleau
- moule à manquer
- pinceau
- cuillère à soupe
- bol
- four

☐

ÉCOLE DE LOISY
Grande Section

Loisy
le 25 janvier 2005

Chers amis,
Dans quatre jours, nous partons à la montagne pour une semaine.
A notre retour nous allons préparer un album de photos pour vous raconter notre séjour.
A bientôt, les élèves de Grande Section

Alban Sylvie Claire Alexis
Julien Fanny Victor Cloé Rémy
Nicolas ELISE MARIE Anne

☐

- des yaourts
- du sucre en poudre
- du beurre
- un litre de lait
- 6 oeufs
- un saucisson
- 4 fines tranches de jambon cru
- poulet cuit

☐

☐

Les animaux de la ferme
- la vache
- le cheval
- la poule
- l'oie
- le mouton
- le canard
- la chèvre

◆ ***Fiche-élève 11 :***

- Découper les étiquettes qui représentent des objets nécessaires au coin cuisine, les coller sur une feuille pour constituer une liste.

 1 bille	1 saladier 
1 économe 	1 moule à tarte 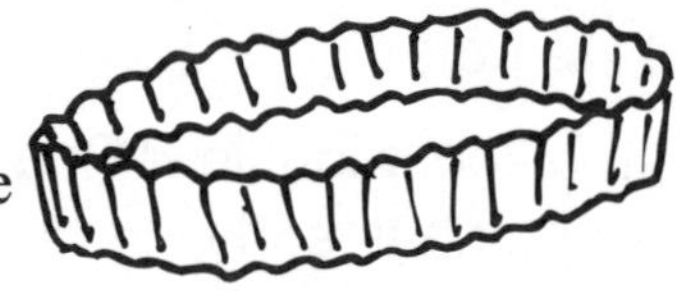
1 fouet 	des feutres 
1 presse-citron 	1 couteau 
1 crayon 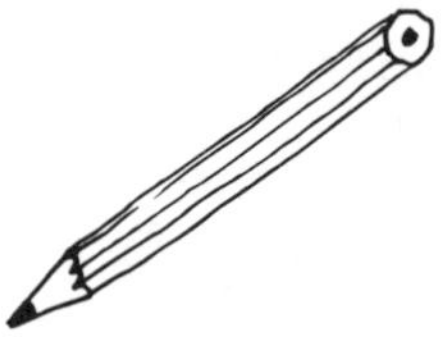	des ciseaux 
1 pince à linge 	du carton 
du fil de fer 	1 cartable 

◆ ***Fiche-élève 12 :***

• Écrire une liste de 5 ustensiles et de 5 ingrédients.

un yaourt un yaourt		une casserole une casserole	
un sachet de levure un sachet de levure		un four un four	
un verre un verre		du citron du citron	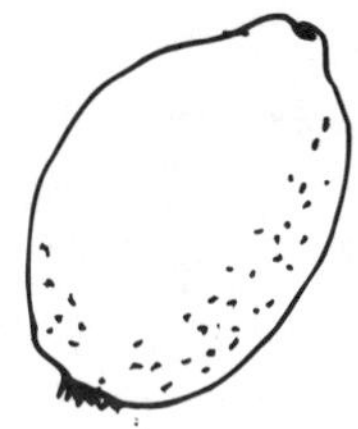
une louche une louche		un couteau un couteau	
de la farine de la farine		des pommes des pommes	
du sucre en poudre du sucre en poudre		une poêle une poêle	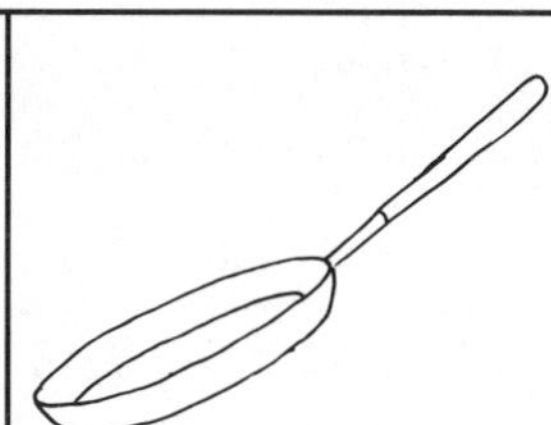

◆ ***Fiche-élève 12 (suite) :***

des cerises des cerises		un saladier un saladier	
du lait du lait		un moule un moule	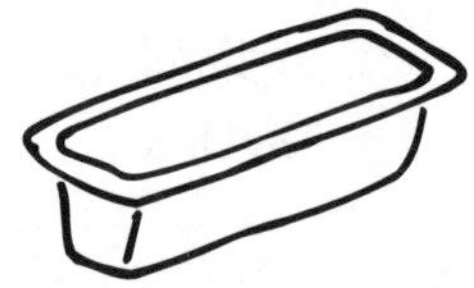
un fouet un fouet		2 œufs 2 oeufs	
une fourchette une fourchette		du beurrre du beurre	

5 ustensiles :	5 ingrédients :
....	....
....	....
....	....
....	....
....	....

Troisième partie

LE COMPTE RENDU D'ÉVÉNEMENTS VÉCUS

I - Le compte-rendu d'événements vécus : Projet pédagogique du maître

Le travail structuré sur le compte-rendu d'événements vécus s'étend sur trois séquences. Il s'agit de sensibiliser les enfants à ce type de texte en apprenant à composer et à rédiger des comptes-rendus en dictée à l'adulte.

Les caractéristiques de l'écrit à produire

- différentes parties :
  - un titre,
  - des faits vécus racontés chronologiquement : comptes-rendus d'expériences scientifiques, de fabrications, de visites, d'interviews, d'événements de vie de classe accompagnés de dessins et photos ;
- emploi de connecteurs chronologiques :
  - la date,
  - d'abord,
  - ensuite,
  - enfin,
  - avant,
  - après,
  - pendant ...
- un texte rédigé au passé composé à la première personne du singulier ou du pluriel ;
- utilisation de champs lexicaux appropriés : vocabulaire spécifique pour chaque type de compte-rendu.

Ce qui est attendu des élèves

Ils doivent être capables :

- de raconter les faits et de les organiser dans l'ordre chronologique de l'expérience vécue ;
- de construire un texte en dictée à l'adulte en utilisant le passé composé et des connecteurs ;
- de recopier la production finale.

Les activités

- ◆ lecture et analyse de comptes-rendus divers ;
- ◆ reformulation orale des événements vécus ;
- ◆ recensement et collecte des connecteurs ;
- ◆ remise en ordre chronologique ;
- ◆ élaboration de la grille de relecture de la production finale ;

Tous les comptes-rendus produits par les élèves seront précédés d'événements réellement vécus.

Les productions

Elles sont réalisées au cours de ce projet mais aussi après chaque moment de classe le nécessitant (sorties, spectacles ...).

L'évaluation envisagée

- ◆ reconnaître un compte-rendu parmi d'autres écrits ;
- ◆ compléter un compte-rendu ;
- ◆ remettre en ordre un compte-rendu.

Grille d'évaluation des acquis des élèves

Nom :	Prénom : ....
☐ sait reconnaître un compte-rendu ; ☐ sait compléter un compte-rendu en utilisant les connecteurs ; ☐ sait remettre en ordre un compte-rendu ; ☐ sait utiliser le passé composé pour raconter.	

II - Le compte-rendu d'événements vécus : Projet de production pour les élèves et intention de communication

Si la vie de la classe est riche, les occasions de produire des comptes-rendus sont nombreuses : réalisation de gâteaux, de fêtes, d'expériences, sorties, visites.... Au début du cycle 2, ces faits sont relatés essentiellement par des photographies parfois accompagnées d'une phrase dictée à l'adulte. Il faut, en fin de grande section, apprendre à construire un texte organisé, incluant dessins et photos.
Ces comptes-rendus sont destinés à être affichés dans la classe ou consignés dans le livre de vie ou publiés dans le journal scolaire de l'école.

III - Le compte-rendu d'événements vécus : Projet d'apprentissage de l'élève

Le maître essaie de connaître les représentations des élèves sur le compte-rendu, notamment au niveau de la relation de faits dans l'ordre chronologique et de l'emploi du passé composé.
Il recense ce que les élèves savent déjà et ce qu'il va falloir apprendre. Il l'explicite avec eux.

IV - Le compte-rendu d'événements vécus : les différentes séquences

Afin de mener les séquences décrites ci-dessous, il est nécessaire de prévoir une visite dans une boulangerie et la confection du gâteau au yaourt.

Séquence 1 : Recettes de cuisine

Séance 1

1) Lecture-réalisation

◆ ***Fiche-maître 1 :***

- Identifier et lire la recette du gâteau au yaourt ;
- Réaliser la recette (le maître prend des photos des différentes étapes) ;
- Chaque élève dessine une étape.

2) Production écrite intermédiaire

- En petits groupes, remettre en ordre chronologique les photos représentant les différentes étapes de la recette et dicter au maître une phrase pour raconter chaque étape. Veiller à ce que cette phrase soit au passé composé.

  Exemple de phrases qui peuvent raconter chacune des étapes :
  - *Nous avons versé le yaourt dans un saladier.*
  - *Nous avons ajouté un pot d'huile, deux pots de sucre, trois pots de farine, quatre oeufs et un sachet de levure chimique.*
  - *Nous avons mélangé tous les ingrédients.*
  - *Nous avons fait cuire le gâteau.*
- Chaque élève écrit sous son dessin la phrase correspondante.

Séance 2 :

1) Rechercher les étapes d'une recette à la lecture d'un court récit :

◆ ***Fiche-élève 1 :***

- Lire le texte « Sabine et Julien préparent une compote », en reformuler l'histoire à l'oral.
- Colorier en rouge ce qui se rapporte à la recette, colorier en jaune le début (cela ne parle pas de la recette), en vert la fin (la réalisation est finie).

- Retrouver les différentes étapes de la recette et collecter les connecteurs qui commencent chaque phrase (les entourer).

2) Classement

◆ ***Fiche-maître 2 :***

- Commencer à compléter un tableau collectif qui reprendra la structure du compte-rendu.

3) Mise en ordre des éléments du compte-rendu

◆ ***Fiche-élève 2 :***

- Remettre en ordre les différentes parties du texte.
- Mettre en valeur l'introduction et la conclusion.
- Entourer les connecteurs.

4) Relire le compte rendu en vérifiant que :

- Il y a un titre.
- Il y a une phrase d'introduction.
- Les étapes sont dans l'ordre chronologique.
- Les connecteurs ont été utilisés.
- Il y a une phrase de conclusion.

5) Écrire ces différents critères :

- Cette grille de relecture sera utilisée pour relire chaque compte-rendu produit pendant le projet mais aussi ensuite, après chaque activité de classe nécessitant un compte-rendu.

SÉANCE 3 :

Production écrite

- Collectivement, reprendre les photos de la réalisation du gâteau au yaourt avec les phrases écrites précédemment, les organiser en compte-rendu en respectant la structure dégagée, ajouter des connecteurs, une introduction et une conclusion où l'on peut exprimer ses impressions.

  Exemple de texte possible (à partir des phrases dictées au maître lors de la première séance) :

  Le gâteau au yaourt

  Jeudi*, nous avons fait un gâteau au yaourt.*
  D'abord*, nous avons versé le yaourt dans un saladier.*
  Ensuite*, nous avons ajouté un pot d'huile, deux pots de sucre, trois pots de farine, quatre oeufs et un sachet de levure chimique.*
  Puis*, nous avons mélangé tous les ingrédients.*
  Enfin*, nous avons fait cuire le gâteau.*
  Le lendemain matin*, pour la récréation , nous l'avons mangé et nous nous sommes bien régalés.*

- Chaque élève, suivant ses capacités copie tout ou partie du texte.

SÉQUENCE 2 : Visites

SÉANCE 1 :

1) Retrouver les éléments du compte-rendu et sa structure.

◆ ***Fiche-maître 3 et fiche-élève 3 :***

- Agrandir la fiche-maître qui présente la fabrication du fromage de chèvre, l'observer, lire les commentaires et reformuler à l'oral les différentes étapes de la fabrication.
- Présenter les photos et le texte du compte-rendu de la classe qui a visité cette fromagerie. Lire ce texte et comparer avec le premier panneau.
- Faire remarquer les différences dans le deuxième texte :
  - Il y a la date de la visite.
  - Il n'y a pas de numéros mais des « petits mots » (connecteurs) pour expliquer l'ordre des étapes.
  - Il y a une fin (le retour à l'école après la dégustation).
  - Le texte est au passé.
- Retrouver les trois parties :
  - l'introduction,
  - la visite,
  - la conclusion.
- Colorier les connecteurs dans le texte.

◆ ***Fiche-maître 2 :***

- Compléter le tableau de collectes.

2) Utiliser des connecteurs donnés pour raconter une histoire.

◆ ***Fiches-élève 4 et 5 :***

- Lire le texte sans les connecteurs.
- Observer les images.
- Donner les connecteurs puis faire raconter l'histoire en les utilisant.

SÉANCE 2 :
(après la visite d'une boulangerie)

1) Lecture, tri, classement :

◆ ***Fiche-maître 4 :***

- Lire les commentaires racontant la fabrication du pain ; relever les mots qui traduisent des actions.
- Remettre en ordre chronologique les photos prises lors de la visite effectuée par la classe sur les différentes étapes de la fabrication du pain.
- Dicter une phrase sous chaque photo en utilisant les verbes relevés précédemment.

2) Production écrite :

- Proposer aux élèves d'écrire un texte qui racontera cette visite en respectant le plan dégagé lors de l'étude du compte-rendu de la fabrication du fromage de chèvre : trois parties, des connecteurs et le texte au passé ; il suffit de reprendre les phrases écrites sous les photos prises lors de la visite, d'y ajouter des connecteurs, une phrase de début, une de fin et de transformer le texte au passé si les verbes des phrases sont au présent.
- Faire recopier par plusieurs élèves en ménageant des espaces pour les photos.

Exemple de texte possible :

La visite à la boulangerie

Vendredi, *nous sommes allés visiter la boulangerie de notre village et nous avons vu la fabrication du pain.*
D'abord, *le boulanger a mélangé la farine, l'eau, le sel et la levure dans le pétrin pour faire la pâte.*
Puis, *il l'a pesée et une machine l'a divisée en pâtons.*
Ensuite, *il a donné aux pâtons la forme d'un pain et les a placés dans l'armoire pour que la pâte lève.*
Quelques temps après, *il a tracé des traits sur les baguettes avec une lame.*
Enfin, *il a enfourné les pains et les a laissé cuire.*
Quand *le pain a été cuit , le boulanger l'a sorti du four pour le vendre.*
À la fin *de notre visite, nous avons dégusté un bon morceau de pain chaud.*

◆ ***Fiche-maître 2 :***
- Compléter le tableau de collectes.

Séquence 3 : Évaluation sur plusieurs séances

◆ ***Fiche-élève 6***
- Reconnaître un compte-rendu parmi d'autres écrits.

◆ ***Fiche-élève 7 :***
- Compléter un compte-rendu.

◆ ***Fiche-élève 8 :***
- Remettre en ordre un compte-rendu.

V - Le compte-rendu d'événements vécus : documents pour les séquences

Séquence 1 : Recettes de cuisine

Séance 1 :

◆ *Fiche-maître 1 :*

LE GÂTEAU AU YAOURT

Les ingrédients :

1 yaourt 

3 pots de farine 

1 pot d'huile 

4 œufs 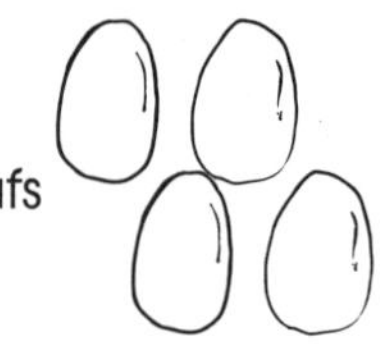

2 pots de sucre 

1 sachet de levure chimique 

La recette :

1 - Verser le yaourt dans le saladier.

2 - Ajouter un pot d'huile, deux pots de sucre, trois pots de farine, quatre œufs et un sachet de levure chimique.

3 - Mélanger tous les ingrédients.

4 - Faire cuire le gâteau.

Séance 2 :

◆ *Fiche-élève 1 :*

SABINE ET JULIEN PRÉPARENT UNE COMPOTE

Samedi après-midi, Sabine et Julien sont allés dans le verger cueillir des pommes. De retour à la maison, ils ont préparé une compote.

D'abord, les deux enfants ont bien lavé toutes les pommes.

Puis, ils les ont épluchées et coupées en quatre.

Ensuite, ils ont versé les quartiers dans une casserole en ajoutant du sucre et de l'eau.

Enfin, ils ont fait cuirre le mélange à petit feu.

Quand l'heure du goûter est venue, ils ont pu déguster leur compote.

◆ *Fiche-maître 2 :*

TABLEAU DES COLLECTES

ÉVÉNEMENTS	TITRE	INTRODUCTION	MOTS POUR LES ÉTAPES	CONCLUSION

◆ ***Fiche-maître 2 (suite) :***

TABLEAU DES COLLECTES

ÉVÉNEMENTS	TITRE	INTRODUCTION	MOTS POUR LES ÉTAPES (connecteurs)	CONCLUSION
recette	Sabine et Julien préparent une compote	Samedi après-midi, Sabine et Julien sont allés dans le verger cueillir des pommes. De retour à la maison, ils ont préparé une compote.	• d'abord • puis • ensuite • enfin	Quand l'heure du goûter est venue, ils ont pu déguster leur compote.
sorties	La visite de la fromagerie	lundi 8 avril, nous sommes allés ...	• d'abord • après 24 heures • ensuite • puis • tous les jours • enfin • à la fin de	À la fin de notre visite, nous sommes tous repartis avec un fromage pour le faire goûter à nos parents. Cétait excellent
	La fabrication du pain	Vendredi	• quelque temps après • puis • quand • enfin • à la fin de	À la fin de notre visite, nous avons dégusté un bon morceau de pain chaud.

◆ ***Fiche-élève 2 :***
- Découpe et remets en ordre.
- Entoure les connecteurs.

D'abord, les deux enfants ont bien lavé toutes les pommes.

Ensuite, ils ont versé les quartiers dans une casserole en ajoutant du sucre et de l'eau.

Enfin, ils ont cuit le mélange à petit feu.

SABINE ET JULIEN PRÉPARENT UNE COMPOTE

Quand l'heure du goûter est venue, ils ont pu déguster leur compote.

Puis, ils les ont épluchées et coupées en quatre.

Samedi après-midi, Sabine et Julien sont allés dans le verger cueillir des pommes. De retour à la maison, ils ont préparé une compote.

Séquence 2 : Visites

Séance 1 :

◆ *Fiche-maître 3 :*

Comment fabrique-t-on le fromage de chèvre ?

1 - On mélange bien le lait de chèvre et la présure.

2 - On laisse cailler le lait pendant 24 heures..

3 - On laisse ensuite le lait caillé s'égoutter pendant 2 heures dans un linge.

4 - On met le caillé dans des moules.

5 - Les fromages frais moulés sont salés. On les laisse s'égoutter pendant 24 heures.

6 - On démoule les fromages, on les sale de l'autre côté. Ils s'égouttent encore pendant 24 heures.

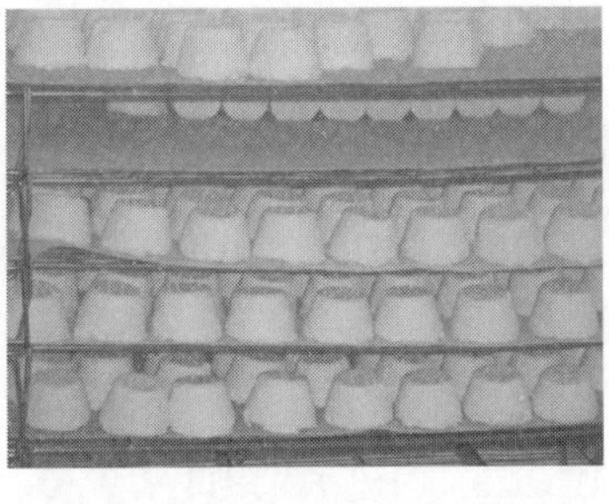

7 - Les fromages sont prêts. On peut les consommer maintenant ou les laisser encore s'affiner.

◆ *Fiche-élève 3.*

La visite à la fromagerie

Lundi 8 avril, nous sommes allés visiter la fromagerie de notre village et nous avons vu la fabrication du fromage de chèvre.

D'abord, Corinne a mélangé du lait et de la présure dans les seaux.

Après 24 heures, le lait est caillé. Elle le fait égoutter deux heures dans un linge posé sur des grilles.

Ensuite, elle peut mettre le caillé dans des moules et saler chaque fromage. Ils s'égouttent encore 24 heures.

Puis, il faut démouler chaque fromage. On les sale de l'autre côté et on les laisse s'égoutter une dernière fois 24 heures.

Enfin, on peut placer les fromages dans le haloir. C'est la pièce où on met les fromages pour qu'ils s'affinent.

À la fin de la visite, nous sommes tous repartis avec un fromage pour le faire goûter à nos parents. C'était excellent !

◆ ***Fiche-élève 4 :***

• Complète les phrases avec les connecteurs qui conviennent :

enfin   samedi dernier   d'abord

ensuite   après

Les courses avec maman

..............................., nous sommes allés faire des courses avec maman.

..............................., nous avons pris un caddie et nous sommes entrées dans le magasin.

..............................., nous avons choisi des produits dans les rayons.

..............................., nous sommes passées à la caisse pour payer.

..............................., nous avons chargé le coffre et nous sommes rentrées à la maison.

◆ ***Fiche-élève 5 :***

• Complète les phrases avec les connecteurs qui conviennent :

enfin mercredi ensuite

puis d'abord

À la piscine olympique

................................, maman m'a emmené à la piscine.
................................, je me suis déshabillé et j'ai mis mon maillot de bain.
................................, je me suis douché.
................................, j'ai nagé.
................................, maman est venue me rechercher.

SÉANCE 2 :

◆ *Fiche-maître 4 :*

CHEZ LE BOULANGER

1 - Le boulanger met la farine, l'eau, le sel et la levure dans le pétrin pour les mélanger et faire la pâte.

2 - Il pèse la pâte.

3 - Une machine partage la pâte en pâtons de même poids.

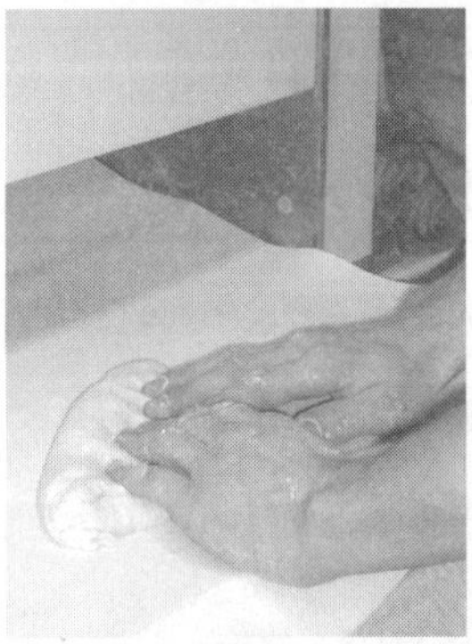

4 - Le boulanger donne la forme du pain à chaque pâton.

5 - Les pains sont mis dans une armoire pour que la pâte lève.

6 - Le boulanger trace des traits sur les pains avec une lame.

7 - Il met les pains au four pour les faire cuire.

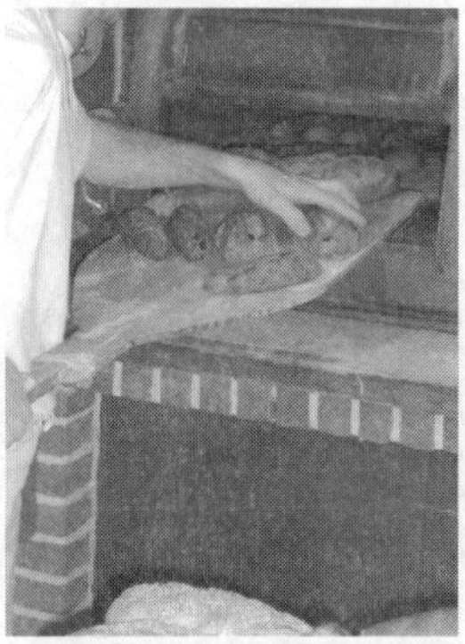

8 - Il sort les pains cuits du four.

Séquence 3 : Évaluations sur plusieurs séances

◆ ***Fiche-élève 6***

- Mettre une croix dans la case où l'on reconnaît un compte-rendu parmi d'autres écrits (les textes sont lus par le maître).

☐

La visite à la ferme

Samedi dernier, nous sommes allés visiter la ferme de notre village.

D'abord, nous avons vu des vaches.

Ensuite, le fermier nous a montré des moutons ;

Enfin, nous sommes allés au poulailler.

Nous sommes rentrés en classe ravis d'avoir vu tant d'animaux.

☐

St Jean
le 12 août 2004

Chère mamie,

Ce matin, en revenant de la plage nous avons fait nos courses sur le petit marché près du port.

J'ai pensé à toi. Tu m'y avais accompagnée l'an dernier. Malheureusement, je n'ai pas retrouvé le marchand de miel.

Je t'embrasse très fort en attendant ton arrivée samedi prochain.

Sylvie

☐

POIRES « BELLE HÉLÈNE »

Pour 6 personnes
Préparation : 20 minutes / Cuisson : 20 minutes

Ingrédients :
- 6 poires williams
- 50 g sucre
- 125 g chocolat noir
- 30 g beurre
- 1L glace à la vanille

Préparation :
- Faire cuire les poires 20 minutes dans une casserole avec une tasse d'eau et le sucre dissous.
- Les égoutter et les placer au frais.
- Faire réduire le sirop de moitié puis ajouter le chocolat.
- Ensuite ajouter le beurre et remuer.
- Mettre des boules de glace dans les coupes.
- Ajouter une poire dans chaque coupe et napper de sauce au chocolat.

☐

Bonjour, Madame Lundi
Comment va Madame Mardi ?
Très bien Madame Mercredi
Dites à Madame Jeudi
De venir Vendredi
Danser Samedi
Dans la salle de Dimanche.

☐

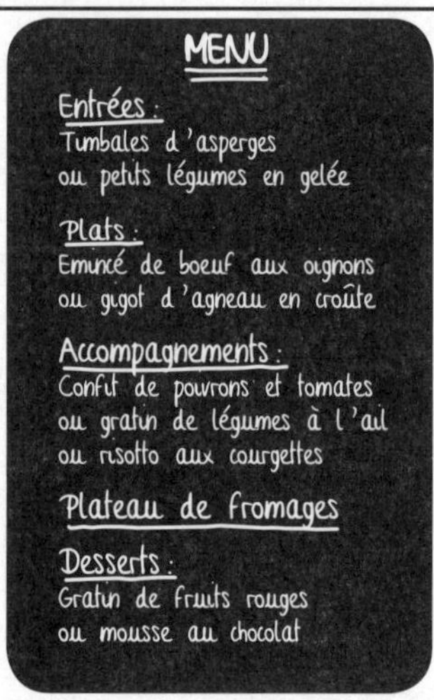

MENU

Entrées :
Tymbales d'asperges
ou petits légumes en gelée

Plats :
Emincé de boeuf aux oignons
ou gigot d'agneau en croûte

Accompagnements :
Confit de poivrons et tomates
ou gratin de légumes à l'ail
ou risotto aux courgettes

Plateau de fromages

Desserts :
Gratin de fruits rouges
ou mousse au chocolat

☐

Les poires « Belle Hélène »

Mercredi, Maman a fait des poires « Belle Hélène ».

D'abord, elle a fait fondre le chocolat.

Puis elle a pelé et cuit les poires et les a mises dans des coupes.

Ensuite, elle a ajouté des boules de glace à la vanille.

Enfin, elle a versé le chocolat chaud sur les poires.

Je me suis bien régalé.

◆ ***Fiche-élève 7 :***

• Compléter un compte-rendu (écrire un titre et une introduction en dictée à l'adulte).

....

....
....
....

D'abord, il a bien ratissé le sol pour qu'il soit bien plat et régulier.

Ensuite, il a tendu un fil pour faire un sillon bien droit.

Puis, il a semé les graines de radis.

Au bout de plusieurs, les premières feuilles sont sorties du sol.

Après 4 ou 5 semaines, le jardinier a récolté les radis.

Quel plaisir ensuite de les déguster avec un peu de beurre et du sel !

◆ ***Fiche-élève 8 :***

• Remettre en ordre un compte-rendu.

Samedi, nous avons fait un gâteau.

D'abord, nous avons mis tous les ingrédients dans le saladier.

LE GATEAU AUX POMMES

Ensuite, nous avons mélangé.

Enfin, nous avons fait cuire le gâteau.

Quatrième partie

LE PORTRAIT D'ANIMAL FANTASTIQUE

I - Le portrait d'animal fantastique : Projet pédagogique du maître

Le travail s'étend sur six séquences. Il s'agit de sensibiliser les enfants au texte descriptif en apprenant à composer et à rédiger en dictée à l'adulte le portrait d'un animal.

Les caractéristiques de l'écrit à produire

- un texte court en trois parties :
  - un phrase introductive,
  - les caractéristiques (traits physiques/couleur, caractère, goûts, habitudes de vie),
  - une phrase de conclusion.
- emploi de connecteurs chronologiques ;
- emploi d'adjectifs, de comparaisons, de substituts ;
- temps utilisé : le présent.

Ce qui est attendu des élèves

Ils doivent être capables :

- de reconnaître un portrait parmi d'autres écrits ;
- d'identifier les différentes parties d'un portrait ;
- de produire un portrait en respectant les caractéristiques dégagées ;
- d'utiliser une grille de relecture.

Les activités

- étudier des portraits : analyser la structure du texte, collecter des éléments descriptifs ;
- repérer et extraire des informations concernant des portraits d'animaux dans des récits plus ou moins longs ;
- mémoriser et copier des textes descriptifs ;

- élaborer et utiliser une grille de relecture ;
- produire des écrits intermédiaires ;
- produire des portraits ;
- en activités décrochées : dessiner/créer, utiliser du vocabulaire nouveau.

Les productions

Des portraits d'animaux fantastiques pour une exposition.

L'évaluation envisagée

- reconnaître un portait parmi d'autres écrits ;
- extraire des informations descriptives d'après un texte ou une image ;
- reconstituer un portrait en organisant différents éléments descriptifs (suivant leurs capacités, certains élèves écrivent le texte alors que d'autres construisent le texte en collant des étiquettes) ;
- compléter un portrait.

Grille d'évaluation des acquis des élèves

Nom :	Prénom : ....

☐ sait reconnaître un portrait parmi d'autres écrits ;

☐ sait extraire des informations descriptives (à l'oral) ;

☐ sait reconstituer un portrait : ☐ en utilisant des étiquettes,
☐ en l'écrivant ;

☐ sait compléter un portrait ;

☐ sait écrire une phrase simple ;

☐ sait utiliser des adjectifs ;

☐ sait employer une comparaison.

II - Le portrait d'animal fantastique : Projet de production pour les élèves et intention de communication

Le maître a lu pendant plusieurs semaines, des textes dont le personnage principal est un animal, fantastique ou non. Après chaque texte, il a fait reformuler les caractéristiques de chaque animal au niveau de ses traits physiques et de sa couleur, de son caractère, de ses goûts et habitudes de vie.

Textes pouvant être lus :

- dans *Gafi C.E.1*, éditions Nathan :
  - « Un animal extraordinaire », M. GARAS ;
  - Un loup très gourmand », G. LAURENDON ;
  - « Les kangourous » ;
  - « Un drôle d'oiseau » ;
  - « Quand les peintres croquent les chiens ».
- dans *La ruche aux livres C.E.1*, éditions Hachette :
  - « Le hibou » ;
  - « La licorne », de C.C. RAGACHE ;
  - « Pour faire le portrait ».
- dans *Paginaire C.E.1*, éditions Hachette :
  - « Le dragon de la tour Eiffel », P. LANGELAND ;
  - « Smog le dragon » (poésie), F. JOSSE ;
  - « Fort de nature » ;
  - « L'abominaffreux », H. BICHONNIER.
- dans *Paginaire C.P*, éditions Hachette :
  - « L'ours blanc ».
- dans *En avant les C.P.*, éditions Hachette :
  - « Farigoulette », J. BUISSON ;
- dans *Lectures contées C.P. C.E.1*, éditions Hachette :
  - « Les trois boucs », P. DUPONT.

Il propose aux élèves de produire des portraits d'animaux fantastiques qui seront exposés dans l'école. Chaque animal fantastique sera créé en arts plastiques à partir d'autres animaux et sera accompagné d'un petit texte descriptif.

III - Le portrait d'animal fantastique : Projet d'apprentissage de l'élève.

Le maître essaie de connaître les représentations que les enfants ont du portrait.
Il recense ce qu'ils connaissent et ce qu'il va falloir apprendre. Il l'explicite avec eux.

IV - Le portrait d'animal fantastique : les différentes séquences

Séquence 1 : Le chat Roudoudou

Séance 1 :

1) Lecture-recherche :

◆ ***Fiche-élève 1 :***

- Lire le texte en recherchant le plus d'indices possibles :
  - De qui parle-t-on ?
  - Que fait-il ?
  - Comment est-il ?

2) Classement :

- Mettre en commun tous les indices et convenir d'un code de couleurs pour les différents éléments de la description :
  - rouge pour le corps,
  - bleu pour le caractère,
  - jaune pour les goûts ou habitudes de vie.
- Colorier les passages du texte comprenant les éléments descriptifs.
- Trier ces informations collectivement en les plaçant dans un tableau de collectes.
- Colorier les passages du texte comprenant les éléments descriptifs.

◆ ***Fiche-maître 1 :***

- Trier ces informations collectivement en les plaçant dans un tableau de collectes. Il n'y a pour l'instant que quatre colonnes : le corps, la couleur, le caractère, les goûts.

Séance 2 :

1) Production écrite intermédiaire :

- Établir la liste des éléments décrivant Roudoudou, en notant chaque élément sur une feuille différente.
- Trier ces éléments de façon à constituer, avec les feuilles, quatre « blocs » :
  - corps,
  - couleur,
  - caractère,
  - goûts ou habitudes de vie.

- Organiser ces blocs pour construire collectivement un texte cohérent qui sera le portrait de Roudoudou.
- Parler à cette occasion de la phrase d'introduction et de conclusion, de groupes verbaux qui devront être présents dans les phrases et de la ponctuation.
- Compléter le tableau de collectes en ajoutant la colonne « phrase d'introduction » et « phrase de conclusion » (voir fiche-maître 1).
- Copier le texte construit collectivement (entièrement ou en partie suivant le niveau de chacun) et le mémoriser.

Exemple de production collective :

Roudoudou

Qui est donc Roudoudou ?
Il a quatre pattes, une jolie queue, de longues moustaches souples et des poils bien doux.
Il est tout roux.
Il est coquin et tout fou.
Il aime s'élancer, attraper un bout de laine et faire le fou partout.
Roudoudou est un petit chat.

2) Activités décrochées

- créer Roudoudou en arts plastiques en indiquant des repères pour le cou (imposés pour la création des personnages fantastiques de l'exposition).

SÉQUENCE 2 : Le nouvel ami de Patachou

SÉANCE 1 :

1) Chercher des éléments de comparaison :

◆ ***Fiche-élève 2 :***

- Lecture du texte.
- Dans ce texte, on ne parle que de la couleur de l'animal. À quoi servent les expressions contenant « comme ... » ?
- Trouver de nouvelles comparaisons avec la couleur citée dans le texte.
- Si on achetait un autre animal à Patachou, par exemple un poussin ou une grenouille ou un corbeau, quelles couleurs seraient citées ?
- Chercher et on recenser de nouvelles comparaisons en fonction des trois nouvelles couleurs.
- Récrire le texte en changeant l'animal : étudier ce qui va rester et ce qui va changer par rapport au texte initial.

2) Production écrite intermédiaire

- Par groupe de deux, les enfants choisissent un animal et écrivent un nouveau texte, « à la manière de... ».

Exemple de production d'élève:

Piou-Piou

J'ai acheté pour Patachou un beau poussin jaune.
Il est jaune comme le soleil,
jaune comme de l'or.
On dirait une balle de tennis qui rebondit par terre.

Séances 2 et 3 :

1) Lecture, classement :

◆ ***Fiche-maître 1 :***

- Relire le texte « Le Nouvel Ami de Patachou ».
- Compléter collectivement le tableau de collectes.
- Présenter un texte ou plusieurs textes d'enfants écrits pendant la première séance.
- Observer par rapport au tableau de collectes s'il manque des parties dans les textes produits.

2) Élaborer une grille de relecture qu'on affichera et que les élèves auront dans leur cahier :

- Il y a un titre.
- Il y a une phrase d'introduction.
- On parle du corps.
- On parle de la couleur (on utilise une comparaison).
- On parle du caractère.
- On parle des goûts.
- Il y a une phrase de conclusion.

3) Relecture et réécriture

- Chaque groupe d'enfants reprend son texte et le relit par rapport à la grille de relecture, essaie de voir ce qui manque et le complète.
- Les textes retravaillés seront corrigés par le maître et recopiés par les enfants.

Séquence 3 : Blanquette

Séance 1 :

Lecture, tri, classement

◆ ***Fiche-élève 3 :***

- Lecture par le maître de « La petite chèvre de monsieur Seguin ».
- Lire l'extrait concernant la chèvre (le texte est affiché au tableau).
- Extraire les éléments descriptifs, les écrire sur des étiquettes et les trier :
  - couleur,
  - corps,
  - caractère.
- Repérer et colorier les éléments descriptifs sur le texte donné à chaque enfant.

◆ ***Fiche-maître 1 :***

- Compléter le tableau de collectes, on peut ajouter des comparaisons.

Séance 2 :

1) D'autres descriptions

- Relire le texte « Blanquette ».
- Se rappeler que dans l'histoire, il y a un autre personnage important, le loup.

◆ ***Fiches-maître 2, 3, 4 et 5 :***

- Le maître relit le passage au cours duquel le loup apparaît dans l'histoire. Il lit aussi l'extrait du « petit chaperon rouge », de « la chèvre et ses sept chevreaux », et la poésie « J'ai rencontré le loup ».

2) Production écrite intermédiaire

- Établir la liste des éléments descriptifs concernant le loup, en écrivant chaque élément sur une feuille différente (on peut ajouter des comparaisons).
- Trier ces éléments de façon à constituer, avec les feuilles, quatre « blocs » :
  - corps,
  - couleur,
  - caractère,
  - goûts ou habitudes de vie.
- Organiser ces blocs pour construire collectivement un texte cohérent et qui fera le portrait de ce loup. Repérer les mots qui apportent des informations : courbes, droites, ...
- Ajouter une phrase d'introduction et une phrase de conclusion.
- Utiliser la grille de relecture pour savoir si le texte comporte toutes les parties souhaitées
- Copier le texte créé.

◆ ***Fiche-maître 1 :***

- Compléter le tableau de collectes.

3) Activités décrochées

- En poésie, mémoriser « Blanquette » et « J'ai rencontré le loup »de MANNICK.
- En arts plastiques, créer le loup et la chèvre.
- En vocabulaire :
  - Quelques photos de chiens différents sont affichées au tableau : le maître lit un texte qui peut s'appliquer à toutes les photos affichées : « De quel chien s'agit-il ? »
  - Faire remarquer aux enfants qu'il manque des informations.
  - Rechercher les mots (adjectifs) à employer pour que les chiens puissent être reconnus.
  - En exercice, on peut proposer des dessins de trois chats différents, des étiquettes reliées aux différentes parties du corps sont incomplètes et l'enfant doit ajouter des adjectifs.

SÉQUENCE 4 : La trompe d'Ignace

1) Production écrite

◆ ***Fiche-élève 4 :***

- Lecture par le maître de l'histoire d'Ignace.
- Établir la liste des éléments descriptifs concernant Ignace, en écrivant chaque élément sur une feuille différente.
- Trier ces éléments de façon à constituer, avec les feuilles, quatre « blocs » :
  - corps,
  - couleur,
  - caractère,
  - goûts ou habitudes de vie.
- Organiser ces blocs pour construire collectivement un texte cohérent et qui fera le portrait d'Ignace.
- Ajouter une phrase d'introduction et une phrase de conclusion.
- Utiliser la grille de relecture et corriger ou compléter le texte s'il y a lieu.
- Copier le texte produit.

◆ ***Fiche-maître 1 :***

- Ranger les éléments dans le tableau de collectes.

2) Activités décrochées

- En arts plastiques, créer Ignace.

Séquence 5

Séance 1 :

Production collective du portrait d'un animal fantastique :

- Les trois animaux créés en arts plastiques (Roudoudou, Ignace et Blanquette) sont affichés au tableau.
- Les découper en séparant la tête et le corps.
- Piocher une tête et un corps au hasard et les assembler : « Voilà un animal fantastique créé ».
- Énoncer les caractéristiques de cet animal en utilisant le tableau de collectes et écrire ces différents éléments sur des feuilles au tableau.
- Trier ces éléments suivant l'aspect physique, le caractère et les goûts.
- Construire collectivement un texte qui sera le portrait de cet animal.
- Ajouter une phrase d'introduction, une phrase de conclusion et un titre.
- Utiliser la grille de relecture.
- Copier le texte final.

Exemple de texte attendu :

Rouquette

Qui est donc Rouquette ?

Elle a quatre pattes, de longues moustaches souples, de longs poils bien doux, des sabots noirs et luisants.

Elle est rousse comme une feuille d'automne et blanche comme de la neige.

Elle est docile et coquine.

Elle aime faire des bonds et se promener dans la montagne.

Rouquette est un amour de chèvre-chat.

Séance 2 :

Production par groupe du portrait d'un animal fantastique :

- Par groupe de deux, les enfants créent un animal fantastique en découpant leurs productions d'arts plastiques.
- Ils colorient dans le tableau de collectes sur la fiche maître 1, suivant le code établi lors de la première séquence, les éléments descriptifs dont ils se serviront lors de leur construction de texte.
- Ils écrivent leur texte par groupe de deux.
- Ils utilisent la grille de relecture en fin de production.
- Le maître apporte une correction finale.
- Les enfants recopient le texte final.

SÉQUENCE 6 : Évaluation

SÉANCE 1 :

◆ ***Fiche-élève 5 :***

- Reconnaître un portrait parmi d'autres écrits ;
- Compléter un portrait par rapport à une photo.

SÉANCE 2 :

◆ ***Fiche-maître 6 :***

- À partir de l'histoire « Un animal extraordinaire », lue par le maître, extraire collectivement des éléments descriptifs et les consigner par écrit ;
- Construire individuellement un portrait à partir de ces éléments, en écrivant le texte ou en collant des étiquettes.

V - Le portrait d'animal fantastique : documents pour les séquences

SÉQUENCE 1 : Le chat Roudoudou

SÉANCE 1 :

◆ *Fiche-élève 1 :*

Roudoudou

1

Qui est donc Roudoudou ?
Roudoudou a quatre pattes,
une jolie queue, des poils bien doux,
et de longues moustaches souples.
Roudoudou est tout roux.

2

Roudoudou a trouvé une pelote,
une pelote de laine rouge.
Roudoudou fait le fou,
à droite, à gauche, partout.

3

La pelote rouge roule, roule et roule.
Hop ! Roudoudou s'élance et fait un bond.
Il attrape, tire et retire
le bout de laine qui court.

4

La pelote rouge se déroule, se déroule …
Roudoudou est toujours aussi fou !
Mais qui est donc Roudoudou ?

5

Roudoudou est un coquin,
un coquin petit chat roux
qui fait le fou partout.

Histoires aux quatre vents (Armand Colin Bourrelier)

◆ ***Fiche-maître 1 :***

TABLEAU DES COLLECTES

LE TITRE	LA PHRASE D'INTRODUCTION	LE CORPS Il a … Elle a …	LA COULEUR Il est … Elle est …	LE CARACTÈRE Il est … Elle est …	LES GOÛTS Il aime bien … Elle aime bien …	LA PHRASE DE CONCLUSION

◆ ***Fiche-maître 1 (suite) :***

TABLEAU DES COLLECTES

LE TITRE	LA PHRASE D'INTRODUCTION	LE CORPS Il a … Elle a …	LA COULEUR Il est … Elle est …	LE CARACTÈRE Il est … Elle est …	LES GOÛTS Il aime bien … Elle aime bien …	LA PHRASE DE CONCLUSION
Roudoudou	Qui est donc Roudoudou ?	- quatre pattes, - une jolie queue, - des poils bien doux, - de longues moustaches souples.	- roux comme une feuille d'automne, - roux comme un écureuil.	- coquin, - tout fou.	- faire le fou partout, - s'élancer, - faire des bonds, - attraper un bout de laine.	Roudoudou est un coquin petit chat roux.
Le nouvel ami de Patachou	J'ai acheté pour Patachou …		- rouge comme une cerise, - rouge comme un coquelicot, - rouge comme la crête de notre vieux coq.			On dirait …
Ignace	Ignace était …	- quatre énormes pattes, - une peau rugueuse, - une trompe minuscule, - de larges oreilles, - des petits yeux ronds.	- gris comme comme une pierre, - gris comme de la cendre.	- solitaire, - sympathique.	- se promener tout seul.	

◆ ***Fiche-maître 1 (suite) :***

La petite chèvre	Ah ! Qu'elle était jolie ...	- les yeux doux, - des sabots noirs et luisants, - des cornes zébrées, - une barbiche de sous-officier, - des longs poils.	- blanche comme de la neige, - blanche comme du coton.	- docile - caressante.	- se promener dans la montagne	Un amour de chèvre !
Le loup		- deux oreilles courtes, toutes droites, - de grands poils à moitié noirs , à moitié roux, - de grands yeux plein d'or, des yeux luisants, - deux grands crocs aussi pointus que des couteaux, - une grosse langue rouge - des babines d'amadou, - deux grands pieds avec des griffes bien rangées, - des pattes noires, - une grosse voix, une voix rauque.	- noir comme la nuit, - noir comme le charbon.	- méchant.	- Il aime manger des chèvres, des chevreaux et des petits enfants.	

SÉQUENCE 2 : Le nouvel ami de Patachou

SÉANCE 1 :

◆ *Fiche-élève 2 :*

LE NOUVEL AMI DE PATACHOU

J'ai acheté pour Patachou
un beau poisson rouge.
Il est rouge comme une cerise,
rouge comme un coquelicot,
rouge comme la crête de notre vieux coq.
On dirait une flamme qui glisse dans l'eau.

Séquence 3 : Blanquette

Séance 1 :

◆ *Fiche-élève 3 :*

BLANQUETTE

Ah ! Qu'elle était jolie la petite chèvre de Monsieur Seguin !
Qu'elle était jolie avec ses yeux doux, sa barbiche de sous-officier, ses sabots noirs et luisants, ses cornes zébrées et ses longs poils blancs qui lui faisaient une houppelande.
Et puis docile, caressante, se laissant traire sans bouger, sans mettre son pied dans l'écuelle.
Un amour de petite chèvre !

Alphonse Daudet

SÉANCE 2 :

◆ *Fiche-maître 2 :*

Extrait de *La petite chèvre de Monsieur Seguin* (passage du loup)

[…] La chèvre entendit derrière elle un bruit de feuilles. Elle se retourna et vit dans l'ombre deux oreilles courtes, toutes droites avec deux yeux qui reluisaient … C'était le loup. Énorme, immobile assis sur son train de derrière il était là regardant la petite chèvre blanche et la dégustant par avance. Comme il savait bien qu'il la mangerait, le loup ne se pressait pas ; seulement quand elle se retourna il se mit à rire méchamment. « Ha Ha ! La petite chèvre de M. Seguin ! » Et il passa sa grosse langue rouge sur ses babines d'amadou. […]

Alphonse Daudet

◆ *Fiche-maître 3 :*

Extrait du *Petit Chaperon rouge*

[…] Le Petit Chaperon rouge tira la chevillette, et la porte s'ouvrit. Le loup, la voyant entrer, lui dit en se cachant dans le lit sous la couverture :

« Mets la galette et le petit pot de beurre sur la huche, et viens te coucher avec moi. »

Le Petit Chaperon rouge se déshabilla, et alla se mettre dans le lit, où elle fut bien étonnée de voir comment était sa mère-grand dans son déshabillé. Elle lui dit:

« Mère-grand, que vous avez de grands bras !

– C'est pour mieux t'embrasser, ma fille.

– Mère-grand, que vous avez de grandes jambes !

– C'est pour mieux courir, mon enfant.

– Mère-grand, que vous avez de grandes oreilles !

– C'est pour mieux écouter, mon enfant.

– Mère-grand, que vous avez de grands yeux !

– C'est pour mieux voir, mon enfant.

– Mère-grand, que vous avez de grandes dents !

– C'est pour mieux te manger ! »

Et en disant ces mots, le méchant loup se jeta sur le Petit Chaperon rouge, et la mangea. […]

◆ *Fiche-maître 4 :*

La chèvre et les sept chevreaux

Une vieille chèvre était mère de sept jolis chevreaux qu'elle aimait tendrement. Un jour, elle partit dans les bois pour faire provision de fourrage. Avant de sortir, elle les réunit autour d'elle :
« Pendant mon absence, prenez garde au loup ! dit-elle. C'est un rusé qui n'hésitera pas à se déguiser pour vous tromper. Mais avec sa voix rauque et ses pattes noires, si vous faites attention, vous le reconnaîtrez ! » Et les petits promirent de se montrer vigilants et de n'ouvrir à personne.
Peu de temps après le départ de leur mère, les sept chevreaux entendirent frapper à la porte :
« Ouvrez-moi ! C'est moi, votre mère … Je vous rapporte plein de cadeaux », dit une voix.
Mais les chevreaux n'ouvrirent pas.
« Ta voix est rauque … Tu es le loup », crièrent-ils d'une même voix.
Chez l'épicier, le loup acheta un gros morceau de craie pour s'adoucir la voix.
De nouveau, il frappa à la porte.
« Ouvrez-moi, chers enfants ! Je suis votre mère » Mais les chevreaux aperçurent sa patte sur le rebord de la fenêtre.
« Ta patte est noire … Tu es le loup ! » s'écrièrent-ils en choeur. Le loup était rusé et affamé. Il courut voir le boulanger.
« Je me suis cogné la patte, enduis-la-moi de pâte à pain ! »
Et, au meunier, il ordonna :
« Saupoudre-moi la patte de farine bien blanche. Si tu refuses, je te mangerai ! »
Le coquin courut frapper à la porte des chevreaux pour la troisième fois.
« Voix douce, patte blanche … C'est notre mère qui revient ! » pensèrent les chevreaux. Et, sans la moindre méfiance, ils tirèrent aussitôt le verrou.
« Au loup! Au loup ! », s'écrièrent-ils en découvrant leur méprise. Ils voulurent se cacher, mais le loup les trouva et les mangea...
Tous les sept ? Non ! Le dernier, le plus jeune, se cacha dans la pendule et le loup ne le vit point.
Repu et fier de lui, le loup s'allongea ensuite dans la prairie, et s'endormit !
Quand la brave chèvre s'en revint et trouva la porte ouverte, elle devina aussitôt ce qui s'était passé.
Pleine de tristesse, elle appela l'un après l'autre ses chers enfants, mais aucun ne lui répondit. Quand elle nomma le dernier, quand même, elle entendit :
« Maman chérie ! Je suis caché dans l'horloge ! »
Ayant tout appris de la triste fin de ses six chevreaux, la pauvre bête versa toutes les larmes de la terre.
Plus tard, suivie de son seul enfant, elle se décida à sortir et vit le loup dans la prairie, toujours endormi. En se penchant sur l'énorme ventre du loup, la chèvre vit tout à coup quelque chose qui remuait et s'agitait.

◆ ***Fiche-maître 4 (suite) :***

« Mes chers petits ! » se dit-elle. Et elle courut chez elle, prit des ciseaux, une aiguille et du fil, découpa la peau du loup et trouva ses six chevreaux sains et saufs !
Quel bonheur ! Ils étaient tous en vie … et le loup dormait toujours.
Dans le ventre grand ouvert, la chèvre fit alors jeter des pierres par ses enfants ravis. Quand le ventre fut plein à craquer, bonne couturière, la chèvre prit l'aiguille, le fil, et recousit le tout !
Lorsque le loup s'éveilla et se leva, il se trouva bien lourd !
Et comme les pierres, dans son estomac, lui donnaient grand soif, il se traîna jusqu'au puits, se pencha pour boire, bascula et se noya !
Ainsi va la vie ! Rusés ou pas, quoi qu'il en soit les méchants sont toujours punis !

Jacob et Wilhelm Grimm

◆ *Fiche-maître 5 :*

J'AI RENCONTRÉ LE LOUP

J'ai rencontré le loup, devinez quand, devinez où ?
J'ai rencontré le loup derrière chez nous.

Il avait de grands poils
A moitié noirs, à moitié roux,
Je lui ai dit « Bonsoir
Je n'ai pas peur de vous ».

Il avait de grands yeux
Et tout plein d'or en chacun d'eux,
Mais je lui ai fait peur
En allumant du feu.

Il avait de grands crocs
Aussi pointus que des couteaux,
Je lui ai demandé
S'il avait vu l'agneau.

Il avait de grands pieds
Avec des griffes bien rangées,
Il m'a donné la patte
Et je l'ai caressée.

Mannic - Mannick - Jo Akepsimas, *La farandole des animaux* (Arc-en-ciel)

SÉQUENCE 4 : La trompe d'Ignace

◆ *Fiche-élève 4 :*

La trompe d'Ignace

Ignace était un joli éléphanteau gris, à la peau rugueuse, à la mine sympathique. Il avait quatre énormes pattes, de larges oreilles qu'il bougeait sans arrêt et de petits yeux tout ronds. Malheureusement sa trompe était minuscule et notre petit ami en souffrait cruellement. On lui disait :

« Tu es moche, va-t-en !

– On ne veut pas jouer avec toi !

– Regardez comme sa trompe est toute rikiki, hi, hi, hi !

– Moi, à ta place, je me cacherais !

– Comment fais-tu pour boire à la rivière ? Il te faut une paille ! »

Aussi, Ignace se tenait-il souvent à l'écart de ses frères car, plutôt que de subir leurs moqueries, il préférait se promener seul. Ses compagnons étaient les oiseaux qui lorsqu'ils le rencontraient sifflaient joyeusement : « Ignace ! Voilà Ignace ! »

Un jour, alors qu'il s'approchait du nid de ses amis Perlin, il entendit des pleurs. Il s'informa aussitôt. Maman Perlin expliqua à travers ses larmes :

« Notre petit est tombé dans la rivière et il est impossible de le rattraper. »

Ignace, aussitôt, se précipita. Le petit oiseau se débattait dans l'eau claire. Il allait couler ... Alors, l'éléphant baissa la tête, « Agrippe-toi à ma trompe, petit ! »

Tant bien que mal, l'oisillon se jucha sur le perchoir improvisé et Ignace le ramena triomphalement au nid familial.

« Merci beaucoup Ignace ! Tu es formidable ! » lui chantèrent Papa et Maman Perlin. Les frères d'Ignace avaient tous vu ce qui s'était passé et ils crièrent :

« Bravo Ignace !

– Nous sommes très fiers de toi ! ajoutèrent ses parents.

– Tu es un héros maintenant, lui dit la girafe.

– Tu es aussi malin que nous ! crièrent les singes. »

À partir de ce jour, Ignace n'eut plus honte de sa trompe devenue célèbre parce qu'elle avait sauvé le petit Perlin de la noyade.

Séquence 6 : Évaluation

Séance 1 :

◆ ***Fiche-élève 5 :***

• Retrouver des portraits parmi d'autres écrits (ces textes sont lus par le maître).

LE GÂTEAU AUX POIRES

Ingrédients

- 3 oeufs - 4 poires - 50 grammes de sucre
- 100 grammes de farine
- 50 grammes de beurre - 3 cuillerées à soupe de lait
- 1/2 sachet de levure

Comment faire le gâteau ?

- Mélanger la farine, le sucre et la levure, faire un puits.
- Ajouter les oeufs, le lait, le beurre fondu.
- Bien mélanger.
- Éplucher les poires, les couper en petits morceaux et les mettre dans un moule beurré.
- Verser le mélange sur les poires.
- Faire cuire à four chaud une demi-heure.

Paris, le 23 avril 2002

Chers amis

Nous avons bien reçu votre invitation, nous pensons arriver jeudi dans la matinée.

Nous vous embrassons très fort

A bientôt,

Annie et Robert

Rikiki

Qui est donc Rikiki ?
Elle a quatre pattes, une longue queue,
des moustaches souples, deux petits yeux noirs,
deux oreilles rondes et un long museau.
Elle est grise comme du ciment.
Elle est malicieuse.
Elle aime manger du fromage.
Rikiki est une petite souris.

- 1 cahier,
- 1 crayon noir,
- 1 stylo bleu,
- 1 stylo vert,
- 1 stylo rouge,
- 1 stylo noir,
- des crayons de couleur,
- des feutres
- 1 ardoise,
- 1 craie,
- 1 chiffon.

C'est la nuit,
Il fait noir.
On entend du bruit près de la mare.

Ce ne sont pas des poissons,
Ils dorment au fond.
Ce ne sont pas les hérissons
Ni les limaçons
Ni les oiseaux qui gazouillent
Ce sont les grenouilles.

Elles font
Des bonds,
Hop là, hop là,
Sur les nénuphars
De la mare.
Et ça jacasse,
Et ça coasse,
Quel tintamarre!

École de Clans -06- (2002)

Patapouf

Patapouf est un gros chien
aux poils longs et frisés,
à la mine sympathique.
Il a quatre pattes,
des oreilles pendantes
et une queue touffue.
Il est noir comme du charbon.
Il est gentil et joueur.
Il aime faire le fou partout.

◆ ***Fiche-élève 5 (suite) :***
• Compléter un portrait de renard à partir d'une photo (si possible).

....

Qui est donc .... ?

Il a quatre.................................... , une...................................... queue,

des yeux .... et des .... pointues.

Il est .... comme ....

Il est ....

.... est un ....

SÉANCE 2 :

◆ ***Fiche-maître 6 :***

Un animal extraordinaire

Les chasseurs de Lourmarin ont capturé un animal bizarre : le mistouflon. Ils l'ont attaché à un arbre dans la cour de l'école ...

C'est une douce nuit d'automne. Pas d'autre bruit que le chant des grillons ou l'aboiement d'un chien au loin dans la campagne. Les gens qui ont travaillé aux raisins tout le jour sont bien fatigués et dorment profondément.

Les autres sont moins fatigués peut-être, mais ils dorment tout autant.

Soudain un grognement terrible se fait entendre :

« RON RON REU REU RON RON BOUF BOF ZUT ! » C'est l'animal du *Lubéron* qui fait des cauchemars dans la cour de l'école.

« Mais on dirait vraiment que cette bête parle ! » dit Madame Perraud qui a passé la tête à la fenêtre.

Elle n'est pas contente parce que le mistouflon a réveillé Nanou et Nicolas.

« Si tu continues, lui crie-t-elle, je te balance les pantoufles de Pierre sur la tête ! Tu vas voir ! »

« RON RON RON CROTT CROTT ! » fait-il.

Paf ! Paf ! ce sont les pantoufles.

Chez Madame Pellène, on est réveillé aussi.

« BA BE BI BO BU CROTI CROTA ! » continue l'animal.

Quel vacarme ! Roger finit par inventer un système qui envoie de l'eau sur l'animal chaque fois qu'il pousse un grognement.

Enfin l'animal se tait et finit par s'endormir. Il pose sa grosse tête sur ses deux pattes de devant et ferme les yeux.

De ses naseaux, il sort de petits nuages bleus tout à fait charmants. Mais cela, personne ne le voit, car à présent, au village, tout le monde dort.

Le lendemain matin, il y a foule sur la place. Tout le monde discute... On a amené le mistouflon au bout d'une laisse. C'est Max qui le tient. Monsieur Sarnette est à côté de lui avec un bâton parce qu'on ne sait jamais ce qu'un mistouflon peut faire s'il se met en colère.

Les gens se reculent un peu, prêts à s'enfuir au moindre mouvement de l'animal. Mais non : le mistouflon a l'air tranquille. Il baisse la tête et se met à lécher de sa grande langue verte à pois roses quelque chose par terre.

« Macati de macaton! s'écrie Dédé Lajou, le voilà qui mange des mégots. »

En effet, le mistouflon semble se régaler avec quelques vieux bouts de cigarettes.

Alors, cet animal se nourrit de tabac!

Et Jimmy qui passait par là fit une chanson comme ça :

Un mistouflon du Lubéron
ça ne mange pas des melons
ni des croûtons
ni des bouts de carton.
Un mistouflon du Lubéron
ha ha ha
macati de macata
ça mange du TABAC.

Alors, on vit entrer chez Monsieur Suquet des gens, des gens et encore des gens. Ils achetaient des cigarettes pour le mistouflon. Ils lui en donnaient tous et ce fut un miracle si le mistouflon ne souffrit pas ce jour-là d'une grosse indigestion de tabac.

« Et que boit-il cet animal ? » demande Madame Fauque.

Ma foi ! personne ne le sait. À tout hasard, Roger Alamèle va lui chercher un seau d'eau à la fontaine. Le mistouflon va-t-il boire l'eau ? On le voit qui hume, hésite, la boit enfin lentement et puis... la recrache par les oreilles. Madame Soulier, Madame Savel et Monsieur Barbier sont tout aspergés...

« Espèce de Nigaud ! dit alors Madame Soulier qui s'essuie avec son mouchoir, tu ne peux pas nous dire ce que tu veux boire ? Ce serait plus simple. »

Alors, *ô stupeur*, le mistouflon ouvrit sa gueule et dit :

« J'attendais qu'on me le demande. Je suis poli. »

LE MISTOUFLON PARLE ! VRAIMENT C'EST EXTRAORDINAIRE !!!

Tout le monde fait de grands O O O O avec sa bouche. Quant au mistouflon, il prend un air inspiré et dit encore :

« Je veux boire de la Picole.

– De la QUOI ?

– De la Picole. PICOLE ! Que vous êtes donc ignorants dans ce village !

– J'en fais pourtant des recettes à la cantine, dit Madame Chauvin, mais c'est bien la première fois que j'entends parler de la Picole.

– Très bien, répond le mistouflon. Je vais vous en donner la composition.

PRENEZ :

- Une cuillère à café de sirop de menthe,
- trois gouttes (pas plus) de sirop de fraise,
- un grain de café pilé (très fin),
- un peu de sel,
- une pincée de poivre,
- trois brins de thym hachés menu menu menu pour bien digérer,
- ajouter de l'eau en grande quantité.

– Et puis quoi encore ? dit Éliane Davin. Tu m'as l'air d'un drôle d'enfant gâté !

– Je ne suis pas un enfant, mais un mistouflon, répond ce coquin d'animal. Et si vous ne me donnez pas ma boisson préférée, je cracherai tout par les oreilles. Na !

– On pourrait l'emmener à Cadenet et en faire un pompier, dit alors Monsieur Colletin.

– NON NON NON !! »

Ce sont les enfants qui crient :

« ON VEUT GARDER LE MISTOUFLON

– Nous lui donnerons des bonbons.

– Nous l'aimerons.

– Nous le peignerons le matin.

– Nous lui mettrons des rubans.

– Nous lui astiquerons les cornes.

– Et nous lui brosserons la queue.

– Et quand il aura soif,

– nous lui ferons de la picole tant qu'il voudra. Voilà ! »

Anne-Marie CHAPOUTON, *L'année du Mistouflon* (« Castor Poche », Flammarion)

Cinquième partie

LE CONTE À STRUCTURE ACCUMULATIVE

I - Le conte à structure accumulative : Projet pédagogique du maître

Le travail structuré sur le conte à structure accumulative s'étend sur sept séquences. Il s'agit de sensibiliser les élèves au texte narratif en apprenant à composer et à rédiger en dictée à l'adulte un conte court à structure accumulative.

Les caractéristiques de l'écrit à produire

◆ une histoire courte en quatre parties :
- une situation initiale,
- un problème à résoudre,
- des rencontres de personnages qui s'accumulent,
- la résolution et une situation finale.

◆ des personnages :
- un personnage principal (un animal) qui a un mobile particulier (la peur, une invitation, une anomalie, etc.) le fait partager à d'autres personnages (animaux) et les entraîne avec lui,
- un personnage, à la fin, aide à la résolution ou s'oppose.

◆ différentes manières de désigner les personnages :
- groupe nominaux,
- pronoms ...

◆ emploi de connecteurs et de « déclencheurs »

◆ présence de dialogues

◆ des expressions qui se répètent et que l'on appellera avec les élèves « formulettes »

◆ temps : le présent

Ce qui est attendu des élèves

Ils doivent être capables :

◆ de reconnaître un conte à structure accumulative parmi d'autres textes,

◆ produire un texte, en dictée à l'adulte :
- en respectant les quatre parties du conte,
- en enchaînant 2 ou 3 rencontres de personnages qui restent ensemble,
- en insérant une « formulette »,
- en utilisant le présent.

Les activités

◆ lecture et imprégnation de contes à structure accumulative ;

◆ étude de contes pour dégager les quatre parties du texte et les éléments qui en assurent la cohérence :
- la situation initiale,
- le problème,
- la rencontre et l'accumulation des personnages,
- la résolution et la situation finale,
- les différents personnages et leur mobile,
- la « formulette »,
- les substituts et les connecteurs ;

◆ pour chaque conte, faire compléter une fiche récapitulative individuelle reprenant la structure de l'histoire ;

◆ recensement et collecte :
- de personnages,
- de débuts et de fins de contes à structure accumulative,
- de connecteurs en sensibilisant les élèves à ceux qui indiquent un événement brusque ou une modification pour la suite de l'histoire,
- de substituts ;

◆ mémorisation de certains passages ;

◆ élaboration progressive de la grille de relecture ;

◆ productions écrites intermédiaires pour réemployer les éléments caractéristiques :
- le début,
- ajouter un personnage,
- la fin ;

◆ activités décrochées :
- « jouer » les contes en interprétant les différents personnages,
- enrichir les formulettes,
- recherches en BCD.

Production finale

Un conte à structure accumulative

L'évaluation envisagée

- reconnaître un conte à structure accumulative parmi d'autres types de textes.
- reconstituer un conte à structure accumulative, avec des images séquentielles.
- production collective en dictée à l'adulte d'un court conte à structure accumulative pour une autre classe ou production par groupes (pédagogie différenciée).
- les élèves du CP lisent leur conte aux élèves de GS ou au CE1 et ces derniers les comprennent et les apprécient.

Grille d'évaluation des acquis des élèves

Nom :	Prénom : ....
☐ sait reconnaître un conte à structure accumulative parmi d'autres écrits ; ☐ sait reconstituer un conte à structure accumulative à partir d'images séquentielles ; ☐ sait formuler les mobiles des personnages ; ☐ sait produire un conte à structure accumulative en dictée à l'adulte ; ☐ sait lire sa production à une autre classe qui la comprend ; ☐ sait employer la formulette ; ☐ sait utiliser des substituts ; ☐ sait employer les connecteurs de début, de fin et les « déclencheurs ».	

II - Le conte à structure accumulative : Projet de production pour les élèves et intention de communication

Au cycle 2, les élèves connaissent beaucoup de contes de structures diverses. Il s'agit ici de les amener à produire un conte à structure accumulative : un personnage a un problème, il cherche à le résoudre et y associe d'autres personnages qui s'ajoutent et l'aident dans sa quête jusqu'à la résolution.
Le conte produit sera illustré, édité et placé dans la bibliothèque d'école ou de classe.

III - Le conte à structure accumulative : Projet d'apprentissage de l'élève

Le maître essaie de connaître les représentations des élèves sur le conte au niveau de l'histoire (un problème et la recherche de la résolution), des personnages (les personnages, leur mobile), de l'ordre chronologique ...
Le maître recense ce que les élèves savent déjà et ce qu'il va falloir apprendre. Il l'explicite avec eux.

IV - Le conte à structure accumulative : les différentes séquences

Séquence 1 : Découverte et imprégnation d'albums avec des histoires à structure accumulative

Séance 1 :

1) Présentation de l'album *Le loup est revenu*, Geoffroy de Pennart (École des Loisirs) :
- première de couverture (auteur, titre)
- dos (titre, auteur, éditeur, collection)
- quatrième de couverture
- page de garde
- page de titre

2) Lecture et compréhension de l'album

◆ ***Questionnement oral :***
- Qui est le héros de l'histoire ?
- Que fait-il au début de l'histoire ? Quel est son problème ?
- Qui lui rend visite ? Pourquoi ?
  - Faire remarquer que les personnages (tous des animaux connus dans d'autres histoires) s'ajoutent au fur et à mesure de l'histoire et qu'ils ont tous le même problème : Le loup revient et ils ont peur.
- Comment se termine l'histoire ?
- Travail simultané sur l'illustration.

3) Recherche orale des différentes parties de l'histoire
- situation initiale, le problème,
- rencontre des différents personnages,
- situation finale.

4) Classement

◆ ***Fiche-maître 1 :***

- Présentation d'un tableau collectif où seront recensés les éléments trouvés. Ce tableau de collectes sera rempli collectivement après chaque lecture de conte.

TITRE	AUTEUR	ÉDITEUR	PERSONNAGE PRINCIPAL	SITUATION INITIALE	PROBLÈME OU ÉVÈNEMENT DÉCLENCHEUR	PERSONNAGES RENCONTRÉS	RÉSOLUTION ET SITUATION FINALE

◆ ***Fiche-élève 1 :***

- Elle sera utilisée pour retracer l'histoire de chaque album puis de chaque conte.
- Pour cette séance, les élèves la complétent en collant les dessins de la ***fiche-élève 2***; on obtient la ***fiche-maître 2*** qui reprend la trame de l'histoire.

◆ ***Faire reformuler l'histoire en s'aidant des fiches précédentes.***

5) Activité décrochée

- Rechercher en BCD, les albums où on voit les personnages qui se arrivent chez le lapin et retrouver pourquoi ils ont peur du loup.

SÉANCE 2 :

1) Présentation de l'album *Toc, toc, toc*, Tan et Yasuko Koide (École des Loisirs)

- première de couverture (auteur, titre)
- dos (titre, auteur, éditeur, collection)
- quatrième de couverture
- page de garde
- page de titre

2) Lecture et compréhension de l'album

◆ ***Questionnement oral :***

- Qui sont les héroïnes de l'histoire ?
- Où sont-elles ?
- Quel est le problème ?
- Qui vient les voir ? Pourquoi ?
- Comment se termine l'histoire ?

3) Recherche orale des différentes parties de l'histoire

sans oublier d'insister sur la formulette :

- Toc, toc, toc. Peut-on entrer ?

- Pouvons-nous rester ici pour la nuit ?

- situation initiale, le problème,
- rencontre des différents personnages,
- situation finale.

4) Classement

◆ ***Fiche-maître 1 :***

- compléter le tableau de collectes.

◆ ***Fiche-élève 1 :***

- Pour cette séance, les élèves la complétent en collant les dessins de la ***fiche-élève 3***; on obtient la ***fiche-maître 3*** qui reprend la trame de l'histoire.

◆ ***Faire reformuler l'histoire en s'aidant des fiches précédentes en veillant à l'emploi des substituts et des connecteurs.***

5) Activité décrochée

- « Jouer » le conte en mimant ce que les personnages éprouvent.

Séance 3 :

Même démarche que pour les séances 1 et 2 avec les *fiches-élève 1* et *4* et la *fiche-maître 4* :
***L'anniversaire de Monsieur Guillaume,* Anaïs Vaugelade (École des Loisirs)**

- Faire découvrir les propos qui se répètent :
  – Où vas-tu, Monsieur Guillaume ?
  – Je vais au restaurant, déjeuner d'un joli pâté, car c'est mon anniversaire et c'est mon plat préféré.
- Montrer qu'à chaque fois qu'un personnage arrive, on ajoute un plat dans la « formulette ».
- Mémoriser la « formulette » :
  – Où allez-vous, le gros rat, la petite poule, le chat grognon et Monsieur Guillaume ?
  – Nous allons au restaurant, déjeuner d'une croûte de gruyère, d'un pudding de blé, d'une tarte aux lardons ...
  ...Et d'un joli pâté, car c'est mon anniversaire, et c'est mon plat préféré .

◆ ***Faire reformuler l'histoire en s'aidant des fiches précédentes en veillant à l'emploi des substituts et des connecteurs.***

Séance 4 :

Même démarche que pour les séances 1 et 2 avec les *fiches-élève 1* et *5* et la *fiche-maître 5* :
***La course,* Béatrice Tanaka, Michel Gay (École des Loisirs) :**

◆ ***Faire reformuler l'histoire en s'aidant des fiches précédentes en veillant à l'emploi des substituts et des connecteurs.***

Séance 5 :

Même démarche que pour les séances 1 et 2 avec les *fiches-élève 1* et *6* et la *fiche-maître 6* :
***Le Bonnet Rouge,* Brigitte Weninger, John A. Rowe (École des Loisirs)**

- Mémoriser la « formulette » :
  Dès qu'il vit le bonnet, il se mit à grogner :
  « Tiens, tiens, on dirait que ça bouge
  au fond du bonnet rouge....
  Grr, grr - il y a quelqu'un ? »
  Aussitôt la grenouille,
  la souris,
  le lapin,
  le hérisson,
  l'oiseau,
  le renard,
  le sanglier
  et le loup pointèrent le bout du nez :
  « OUI ! OUI ! OUI ! OUI ! OUI ! OUI ! OUI ! OUI !
  On est ici ! Viens donc aussi ! »

◆ ***Faire reformuler l'histoire en s'aidant des fiches précédentes en veillant à l'emploi des substituts et des connecteurs.***

SÉQUENCE 2 : Découvrir les différentes parties du conte à structure accumulative

SÉANCE 1 :

1) **Lecture par le maître du conte *Pouce-poussin* (*Histoires à la douzaine*, Textes choisis par B. & L. Untermeyer, traduction Elisabeth Gille, éditions les deux coqs d'or)**

◆ ***Fiche-maître 7 .***
- Questionnaire oral pour vérifier la compréhension du conte
  - Quel est le titre ?
  - Qui est le héros ?
  - Que lui arrive-t-il au début de l'histoire ?
  - Que décide-t-il de faire ?
  - Qui rencontre-t-il ?
  - Que se disent-ils ? (insister sur la formulette)
  - Comment se termine l'histoire ?

2) **Classement**

◆ ***Fiche-maître 1 :***
- Compléter le tableau de collectes.

◆ ***Fiche-élève 1 :***
- Pour cette séance, les élèves la complètent en collant les dessins de la ***fiche élève 7*** ; on obtient la ***fiche maître 8*** qui reprend la trame de l'histoire.

◆ ***Faire reformuler l'histoire en s'aidant des fiches précédentes en veillant à l'emploi des substituts et des connecteurs.***

3) **Production écrite intermédiaire**
- Résumer le conte en dictée à l'adulte en respectant les différentes parties du conte de randonnée :
  - la situation initiale,
  - l'évènement déclencheur,
  - la rencontre des personnages qui s'accumulent,
  - la situation finale.
- Selon les possibilités des élèves, faire recopier tout ou une partie du résumé.

SÉANCE 2 :

1) **Relecture du conte**

◆ ***Recherche des propos tenus par les différents personnages et qui se répètent***

◆ ***Fiche élève 8 :***
- Découper et coller les étiquettes en respectant l'ordre des différentes parties du conte.
- Mémoriser ce résumé du conte.

◆ ***Rechercher les petits mots qui font avancer l'histoire (connecteurs), les noter sur une affiche collective :***
  - ce jour-là,
  - mais en chemin,
  - mais,
  - alors ...

◆ ***Retrouver les différentes manières de nommer les personnages, les noter sur une affiche collective :***
- Pouce-Poussin,
- je,
- te,
- m',
- toi,
- lui.

2) Activités décrochées :
- « Jouer » les différentes rencontres avec leur dialogue jusqu'au renard.
- Jeux d'articulation avec le passage où Rusé-Renard mange chaque animal.

Séquence 3 : Reconnaître et produire une situation initiale

Séance 1 :

1) Lecture par le maître du conte *Le coq qui va à Rome* sans lire la situation initiale (*Incarnat, blanc et or et autres contes méditerranéens*, Paul Delarue, éditions Bellenand) tiré de *À Loisir CP/CE1*, (Hachette classiques)

◆ ***Fiche-maître 9 :***
- Questionnaire oral pour vérifier la compréhension du conte et mettre en évidence le rôle de chaque personnage.

2) Classement

◆ ***Fiche-maître 1 :***
- Compléter le tableau de collectes sauf la situation initiale.

◆ ***Fiche élève 1 :***
- Pour cette séance, les élèves la complètent en collant les dessins de la ***fiche-élève 9*** ; on obtient la ***fiche-maître 10*** qui reprend la trame de l'histoire sans la situation initiale.

◆ ***Faire reformuler l'histoire en s'aidant des fiches précédentes en veillant à l'emploi des substituts et des connecteurs.***

3) Lecture recherche

◆ ***Reprendre toutes les situations initiales déjà lues pour en déduire que dans les situations initiales, on trouve :***
- le personnage principal,
- le moment où se déroule l'histoire,
- le lieu où se déroule l'histoire.

◆ ***Rechercher dans le conte, qui est le personnage principal, le moment et le lieu où se déroule l'histoire et élaborer la grille de relecture :***

Dans la situation initiale, il y a :
- *un personnage principal*
- *le moment où se déroule l'histoire*
- *le lieu où se déroule l'histoire*

SÉANCE 2 :

1) Production écrite intermédiaire

- Rédiger en dictée à l'adulte la situation initiale.
- Vérifier avec la grille de relecture que tous les éléments prévus y sont.
- Compléter le tableau collectif (***fiche-maître 1***) pour la situation initiale.
- Dessiner la situation initiale sur la fiche reprenant la trame du conte.
- Relire l'histoire et comparer la situation initiale du conte avec celle produite par les enfants.
- Selon les possibilités des élèves, faire recopier la situation initiale ou faire coller le texte produit par les enfants.

2) Retrouver des situations initiales de contes parmi les lectures faites par le maître :

◆ ***Fiche-maître 11 :***

- Les enfants répondent soit en montrant l'ardoise sur laquelle ils écrivent *oui* ou *non*, soit en montrant les étiquettes *oui* ou *non*.

3) Relecture du conte

◆ ***Rechercher les connecteurs, les noter sur l'affiche collective :***

- un jour,
- au bout d'un certain temps,
- au bout d'un moment, enfin, après, finalement

◆ ***Retrouver les différentes manières de désigner les personnages, les noter sur l'affiche collective :***

- le coq,
- il,
- marquis,
- le,
- tu,
- ami coq,
- j',
- je,

- ami
- la poule,
- amie,
- tu,
- marquise,
- amie poule,
- je.

SÉQUENCE 4 : Reconnaître et produire une situation finale

SÉANCE 1 :

1) Lecture par le maître du conte *La poulette qui s'appelait Trompette* Lily Boulay, tiré de *L'oiseau lyre CP/CE1*, (Hachette classiques), lire la situation finale :

◆ ***Fiche-maître 12 :***

- Questionnaire oral pour vérifier la compréhension du conte : mise en évidence des problèmes de chacun.

2) Classement

◆ ***Fiche-maître 1 :***

- Compléter le tableau de collectes sauf la situation finale.

◆ ***Fiche-élève 1 :***

- Pour cette séance, les élèves la complètent en collant les dessins de la ***fiche-élève 10*** ; on obtient la ***fiche-maître 13*** qui reprend la trame de l'histoire sans la situation finale.

◆ ***Faire reformuler l'histoire en s'aidant des fiches précédentes en veillant à l'emploi des substituts et des connecteurs.***

◆ ***Mémoriser le début.***

3) Lecture recherche

◆ ***Reprendre toutes les situations finales déjà lues pour en déduire que dans les situations finales, on trouve la résolution du problème.***

◆ ***Rechercher dans ce conte le problème et élaborer la grille de relecture.***

Dans la situation finale, il y a :
• le personnage principal
• la résolution du problème

SÉANCE 2 :

1) Production écrite intermédiaire

- Rédiger en dictée à l'adulte la situation finale.
- Vérifier avec la grille de relecture que tous les éléments prévus y sont.
- Compléter le tableau collectif (fiche-maître 1) pour la situation finale.
- Dessiner la situation finale sur la fiche reprenant la trame de l'histoire.
- Relire l'histoire et comparer la situation finale du conte avec celle produite par les enfants.
- Selon les possibilités des élèves, faire recopier la situation finale ou faire coller le texte produit par les enfants.

2) Relecture du conte

◆ ***Rechercher les connecteurs, les noter sur l'affiche collective :***

- il y avait une fois,
- or,
- un matin,
- et.

◆ ***Retrouver les différentes manières de désigner les personnages (les substituts), les noter sur l'affiche collective :***

- Trompette,	- te,
- elle,	- toi,
- la,	- lui,
- petite reine,	- je,
- tu,	- j'

3) Activités décrochées sur les « formulettes »

- Redire les formulettes déjà mémorisées.
- Relire les contes en demandant aux enfants de retrouver les « formulettes ».
- Rechercher dans la « formulette » du conte « La poulette qui s'appelait Trompette » ce qui se répète et chercher d'autres mots rimant avec sanglier.

Séquence 5 : Ajouter un personnage

Séance 1 :

1) Lecture par le maître du conte *La drôle de maison, Contes des quatre vents,* Natha Caputo, (Nathan) en s'arrêtant après le passage du renard

- ***Fiche-maître 14 :***
  - Questionnaire oral pour vérifier la compréhension du conte.

2) Classement

- ***Fiche-maître 1 :***
  - Compléter le tableau de collectes en laissant de la place pour un autre personnage.
- ***Fiche-élève 1 :***
  - Pour cette séance, les élèves la complètent en collant les dessins de la ***fiche-élève 11*** ; on obtient la ***fiche maître 15*** qui reprend la trame de l'histoire.
- ***Faire prendre conscience que les personnages s'accumulent et élaborer la grille de relecture.***

Dans les rencontres, il y a : *• un nouveau personnage* *• il s'ajoute aux autres*

Séance 2 :

1) Production écrite intermédiaire

- Faire dessiner un nouveau personnage qui veut entrer dans la cruche avant l'arrivée de l'ours.
- À partir de ces dessins, rédiger en dictée à l'adulte la rencontre de ce nouveau personnage avec les autres.
- Vérifier avec la grille de relecture que tous les éléments prévus y sont.

2) Relecture du conte, classement

- ***Fiche-maître 1 :***
  - Ajouter le personnage sur le tableau collectif.
  - Faire de même sur la ***fiche-élève 11*** reprenant la trame de l'histoire.
- ***Collecter sur le tableau affiché dans la classe les substituts :***
  - l'ours,
  - toi,
  - tu,
  - je,
  - l'ours velu,
  - lourdaud …

Séquence 6 : Production collective d'un conte de randonnée

1) Reprendre avec les élèves les caractéristiques du conte qui ont été dégagées et formuler ce que l'on va devoir faire pour écrire le conte :

> ***Pour écrire un conte de randonnée, il faut :***
> *1 - Choisir un héros*
> *2 - Choisir les personnages qu'il rencontre*
> *3 - Trouver le problème*
> ***Je n'oublie pas que dans un conte, il y a :***
> *- un titre*
> *- une situation initiale*
> *- un problème*
> *- une rencontre et l'accumulation des personnages*
> *- une situation finale.*

2) Construction du conte

◆ ***Fiche-élève 12 :***

- La faire compléter après l'avoir explicitée :
  - J'ai le héros (le jardinier).
  - J'ai les personnages qu'il rencontre.
  - Je cherche et je dessine : le problème, la situation initiale, la situation finale.
- Le maître passe auprès des élèves pour que chacun formule ses idées.
- Ensuite, avec les différentes idées dessinées, on choisit une situation initiale, le problème, la situation finale et on écrit les différentes parties en dictée à l'adulte. Suivant les possibilités des enfants, on peut laisser écrire individuellement la rencontre avec le dernier personnage.

◆ ***Fiche-maître 16 :***

- Vérifier avec la grille de relecture que tous les éléments prévus sont dans la production.

Séquence 7 : Évaluation

Séance 1 :

◆ ***Fiches-maître 17, 18, 19 et « Le petit chaperon rouge » :***

- Le maître lit les quatre histoires et les élèves doivent reconnaître le conte de randonnée avec accumulation.

Séance 2 :

◆ ***Fiche-élève 13 :***

- Remettre dans l'ordre les images séquentielles et raconter l'histoire au maître.

Séance 3 :

◆ ***Fiche-élève 14 :***

- Écrire en dictée à l'adulte, selon les possibilités des enfants, individuellement, par petits groupes ou collectivement un conte de randonnée avec accumulation pour lequel le héros et les personnages rencontrés sont donnés.

IV - Le conte à structure accumulative : documents pour les séquences

Séquence 1 : Découverte et imprégnation d'albums avec des histoires à structure accumulative.

Séance 1 :

◆ *Fiche-maître 1 :*

TABLEAU DES COLLECTES

TITRE	AUTEUR	ÉDITEUR	PERSONNAGE PRINCIPAL	SITUATION INITIALE	PROBLÈME OU ÉVÈNEMENT DÉCLENCHEUR	PERSONNAGES QU'IL RENCONTRE	SITUATION FINALE

◆ ***Fiche-maître 1 (suite) :***

TABLEAU DES COLLECTES

TITRE	AUTEUR	ÉDITEUR	PERSONNAGE PRINCIPAL	SITUATION INITIALE	PROBLÈME OU ÉVÈNEMENT DÉCLENCHEUR	PERSONNAGES QU'IL RENCONTRE	SITUATION FINALE
Le loup est revenu	Geoffroy de Pennart	École des Loisirs	Monsieur Lapin	C'est le soir, Monsieur Lapin lit son journal.	Il apprend une nouvelle terrifiante : le loup est revenu.	- Les trois petits cochons - La chèvre et les sept chevreaux - L'agneau - Pierre - Le Petit Chaperon Rouge - Le loup	Le Loup partage le repas avec tous les personnages.
Toc, toc, toc	Tan et Yasuko Koide	École des Loisirs	Trois souris	Un soir, trois souris perdues découvrent une maison où elles décident de passer la nuit.	Soudain, elles entendent un bruit.	- Deux lapins - Trois marmottes - Oncle Ours	Tout le monde s'endort paisiblement, jusqu'au lendemain matin.
L'anniversaire de Monsieur Guillaume	Anaïs Vaugelade	École des Loisirs	Monsieur Guillaume	Monsieur Guillaume se réveille et s'habille.	Il part au restaurant pour fêter son anniversaire.	- un gros rat - une petite poule - un chat grognon - un cochon - le loup - Jeanne des Cuisines	Ils se retrouvent tous avec le loup, autour du repas d'anniversaire.

◆ ***Fiche-maître 1 (suite) :***

TABLEAU DES COLLECTES

TITRE	AUTEUR	ÉDITEUR	PERSONNAGE PRINCIPAL	SITUATION INITIALE	PROBLÈME OU ÉVÈNEMENT DÉCLENCHEUR	PERSONNAGES QU'IL RENCONTRE	SITUATION FINALE
La course	Béatrice Tanaka et Michel Gay	École des Loisirs	Lièvre	Coyote est paisiblement assis dans la prairie.	Lièvre passe comme une flèche.	- Coyote - Élan - Loup - Ours	Lièvre était en retard pour préparer le dîner.
Le Bonnet Rouge	Brigitte Weninger et John A. Rowe	Nord-Sud	Le Bonnet Rouge	Un beau matin, le lutin se promène dans les bois .	Il perd son bonnet.	- le lutin - une grenouille - une souris - un lapin - un hérisson - un oiseau - un renard - un sanglier - un loup - un ours - une puce	Il retrouve son bonnet avec la puce à l'intérieur.
Pouce-Poussin	tiré de *L'oiseau Lyre CE1*	Les deux coqs d'or	Pouce-Poussin	Ce jour-là, Pouce-Poussin va au marché.	Il veut avertir le roi que le ciel va lui tomber sur la tête.	- Poulette-Coquette - Quentin-Canard - l'Oie grasse - Dindon-Dodu - Rusé-Renard	Le roi ne saura jamais que le ciel allait lui tomber sur la tête.

◆ *Fiche-maître 1 (suite) :*

Le coq qui va à Rome	D'après Incarnat tiré de *À loisirs CP/CE 1*	Bellenand	Monsieur Coq	Un jour, un Coq va se percher sur un arbre.	Il est invité au château par le pape.	- Monsieur Coq - Madame Poule - Madame l'Oie - Madame la Cane - Monsieur le Grillon - Le Loup	Tous les animaux font la ronde autour du loup éclaté et renoncent à leur projet.
La poulette qui s'appelait Trompette	Lily Boulay tiré de *L'oiseau Lyre CP/CE1*	Colin-Bourrelier	Trompette	Chaque jour, la poulette Trompette pond un œuf en chantant de toutes ses forces.	Trompette ne pond plus et part consulter le Docteur Sanglier.	- Trompette la poulette - Clairon le Coq - Milardou le Chat - Tounet le Chien - Barbe de Bique - Corne de Bouc - Docteur Sanglier	Trompette, guérie, pond un bel œuf pour le Docteur Sanglier.
La drôle de maison	Natha Caputo tiré de *L'oiseau Lyre CP/CE1*	Nathan	une cruche	Un jour, une cruche tombe d'une voiture.	Personne n'habite dans la cruche.	- une petite souris - une petite grenouille - un lièvre - le renard - le loup - l'ours	L'ours casse la cruche et les animaux se sauvent dans toutes les directions.

◆ ***Fiche-élève 1 :***

TITRE :	
SITUATION INITIALE :	**PERSONNAGE PRINCIPAL :**
PROBLÈME OU ÉVÈNEMENT DÉCLENCHEUR :	
PERSONNAGES QU'IL RENCONTRE :	
SITUATION FINALE :	

◆ ***Fiche-élève 2 :***

LE LOUP EST REVENU

Le loup est revenu, Geoffroy de Pennart, (« *kaléidoscope* », l'école des loisirs)

◆ ***Fiche-maître 2 :***

<table>
<tr><td colspan="2">TITRE : LE LOUP EST REVENU</td></tr>
<tr><td>SITUATION INITIALE :
</td><td>PERSONNAGE PRINCIPAL :
</td></tr>
<tr><td colspan="2">PROBLÈME OU ÉVÈNEMENT DÉCLENCHEUR :
</td></tr>
<tr><td colspan="2">PERSONNAGES QU'IL RENCONTRE :
</td></tr>
<tr><td colspan="2">SITUATION FINALE :
</td></tr>
</table>

Le loup est revenu, Geoffroy de Pennart, (« *kaléidoscope* », l'école des loisirs)

Séance 2 :

◆ *fiche-élève 3* :

TOC, TOC, TOC

Toc, toc, toc, Tan et Yasuko Koide, (« *Lutin poche* », l'école des loisirs)

◆ ***Fiche-maître 3 :***

<table>
<tr><td colspan="2">TITRE : TOC, TOC, TOC</td></tr>
<tr><td>SITUATION INITIALE :
</td><td>PERSONNAGE PRINCIPAL :
</td></tr>
<tr><td colspan="2">PROBLÈME OU ÉVÈNEMENT DÉCLENCHEUR :
</td></tr>
<tr><td colspan="2">PERSONNAGES QU'IL RENCONTRE :
  </td></tr>
<tr><td colspan="2">SITUATION FINALE :
</td></tr>
</table>

Toc, toc, toc, Tan et Yasuko Koide, (« *Lutin poche* », l'école des loisirs)

SÉANCE 3 :

◆ *Fiche-élève 4 :*

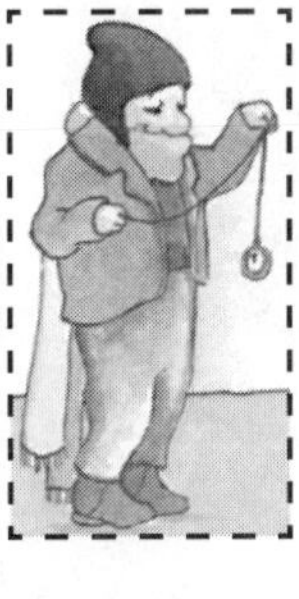

L'ANNIVERSAIRE DE MONSIEUR GUILLAUME

L'anniversaire de Monsieur Guillaume, Anaïs Vaugelade, (« *Lutin poche* », l'école des loisirs)

◆ ***Fiche-maître 4 :***

<table>
<tr><td colspan="2">TITRE : L'ANNIVERSAIRE DE MONSIEUR GUILLAUME</td></tr>
<tr><td>SITUATION INITIALE :
</td><td>PERSONNAGE PRINCIPAL :
</td></tr>
<tr><td colspan="2">PROBLÈME OU ÉVÈNEMENT DÉCLENCHEUR :
</td></tr>
<tr><td colspan="2">PERSONNAGES QU'IL RENCONTRE :
     </td></tr>
<tr><td colspan="2">SITUATION FINALE :
</td></tr>
</table>

L'anniversaire de Monsieur Guillaume, Anaïs Vaugelade, (*« Lutin poche »*, l'école des loisirs)

Séance 4 :

◆ *Fiche-élève 5 :*

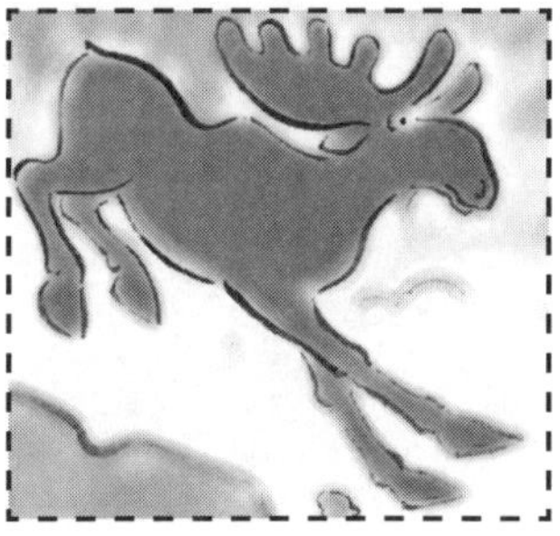

LA COURSE

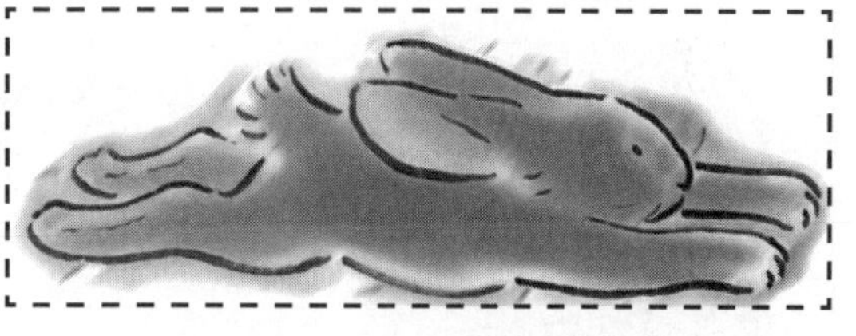

La course, Béatrice Tanaka, Michel Gay, (« *Lutin poche* », l'école des loisirs)

◆ ***Fiche-maître 5 :***

<table>
<tr><td colspan="2">TITRE : LA COURSE</td></tr>
<tr><td>SITUATION INITIALE :
</td><td>PERSONNAGE PRINCIPAL :
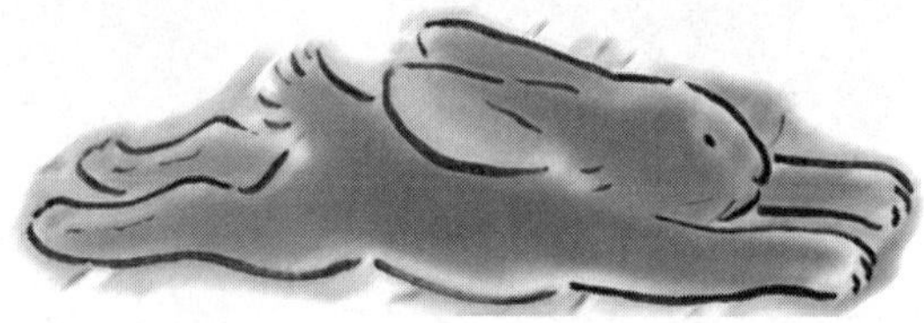</td></tr>
<tr><td colspan="2">PROBLÈME OU ÉVÈNEMENT DÉCLENCHEUR :
</td></tr>
<tr><td colspan="2">PERSONNAGES QU'IL RENCONTRE :

</td></tr>
<tr><td colspan="2">SITUATION FINALE :
</td></tr>
</table>

La course, Béatrice Tanaka, Michel Gay, (« *Lutin poche* », l'école des loisirs)

SÉANCE 5 :

◆ *Fiche-élève 6 :*

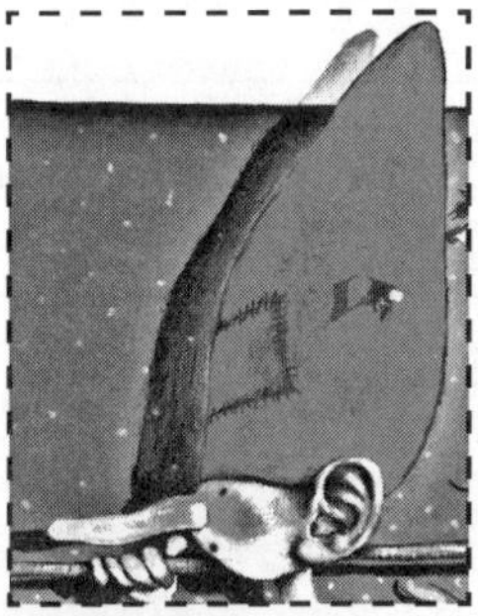

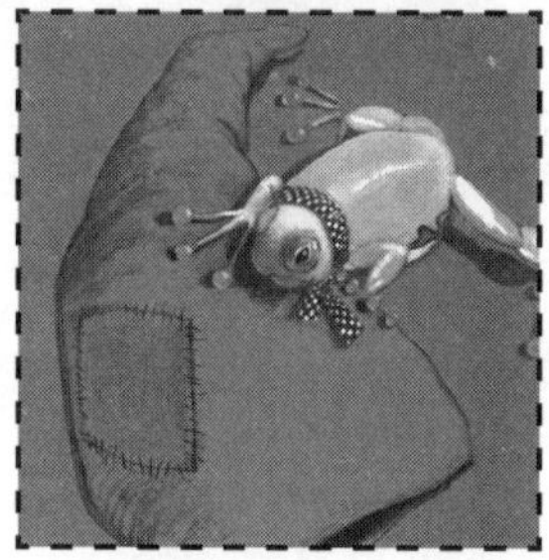
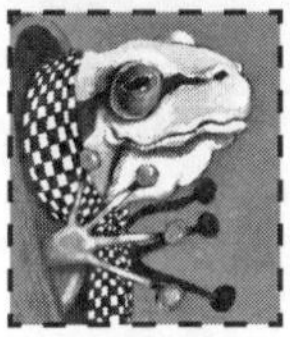

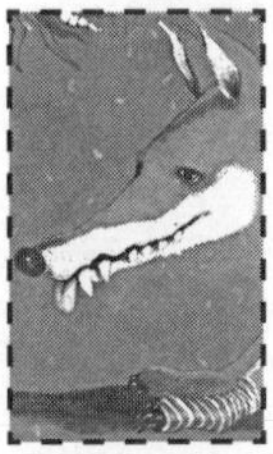

LE BONNET ROUGE

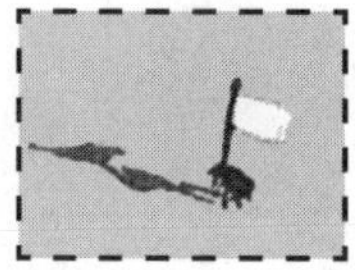

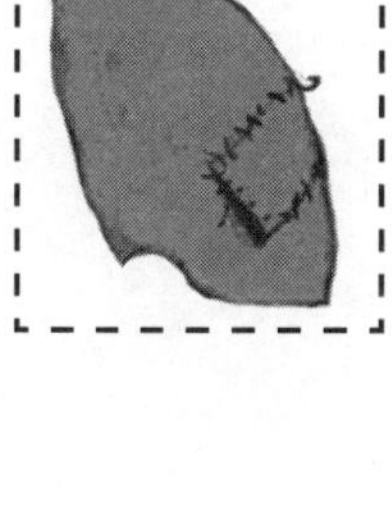
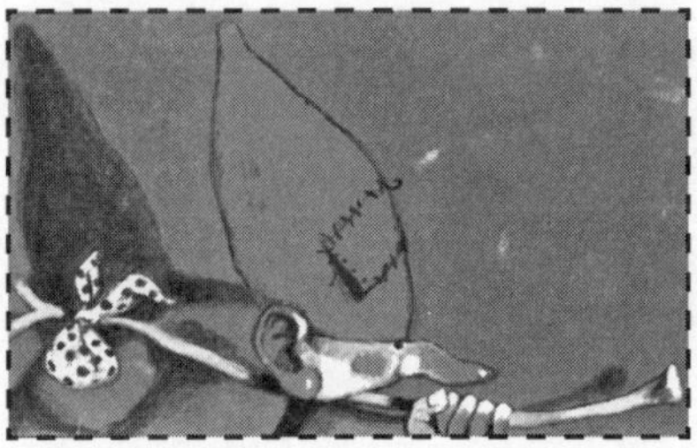

Le bonnet rouge, Brigitte Weninger, John A. Rowe , (« *Lutin poche* », l'école des loisirs)

◆ ***Fiche-maître 6 :***

TITRE : LE BONNET ROUGE

SITUATION INITIALE :

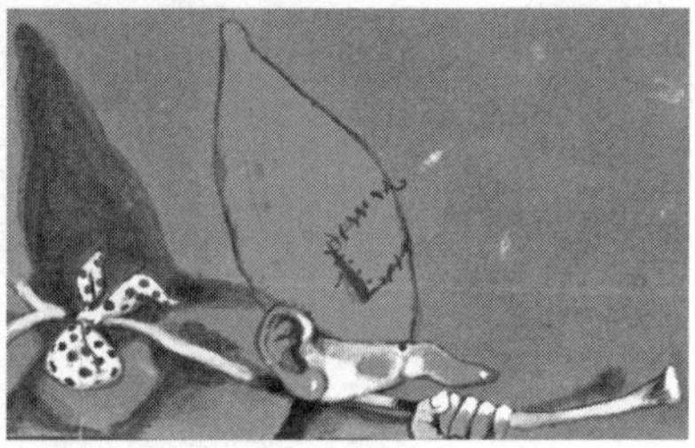

PERSONNAGE PRINCIPAL :

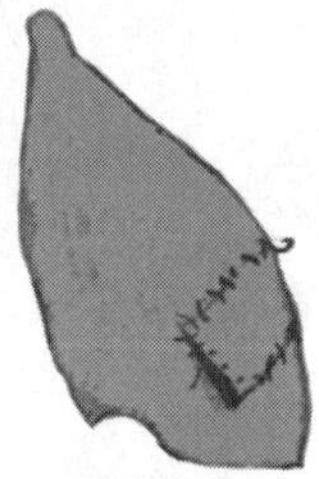

PROBLÈME OU ÉVÈNEMENT DÉCLENCHEUR :

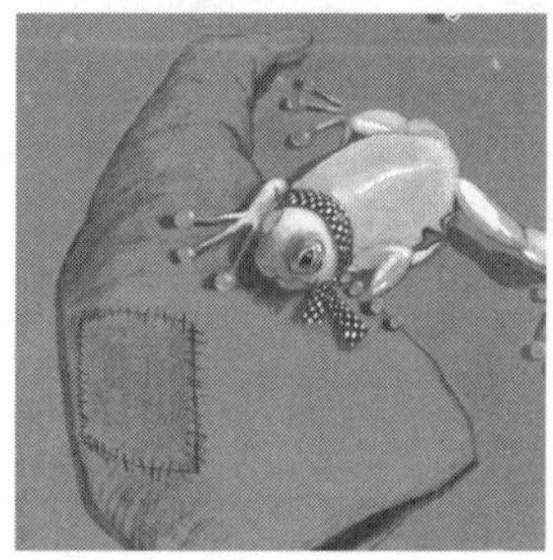

PERSONNAGES QUQUI VIENNENT DANS LE BONNET :

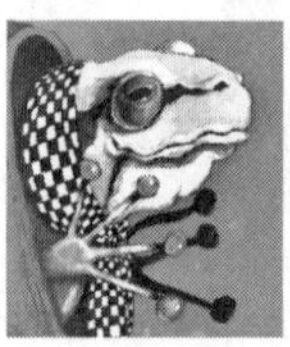
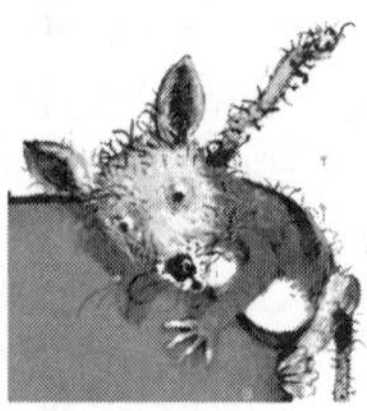

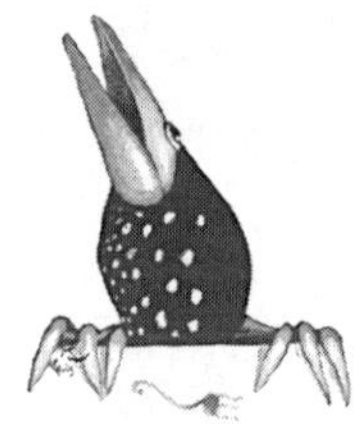
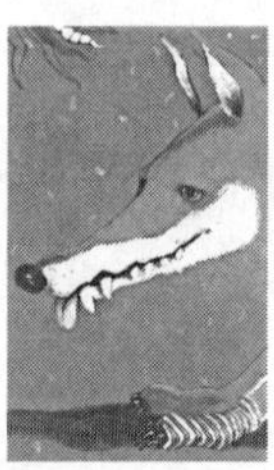

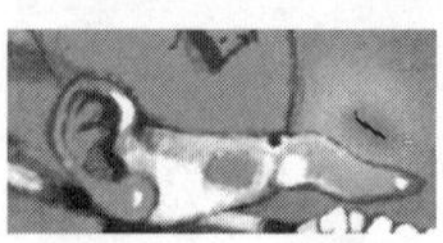

SITUATION FINALE :

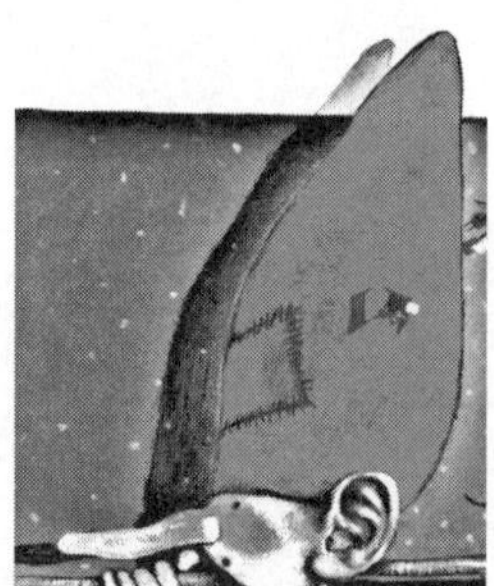

Le bonnet rouge, Brigitte Weninger, John A. Rowe , (*« Lutin poche »*, l'école des loisirs)

SÉQUENCE 2 : Découvrir les différentes parties du conte à structure accumulative

SÉANCE 1 :

◆ *Fiche-maître 7 .*

Pouce-Poussin

Ce jour-là, Pouce-Poussin allait au marché par le sentier de la forêt lorsqu'un gland tomba d'un grand arbre – ping ! – sur sa petite tête.

« Alerte, le ciel nous tombe sur la tête ! s'écria Pouce-Poussin. Il faut avertir le roi en vitesse ! »

Sur son chemin, Pouce-poussin rencontra Poulette-Coquette.

« Où vas-tu comme ça ? demanda Poulette-Coquette.
– Le ciel tombe. Je vais prévenir le roi.
– Qui te l'a dit ? demanda Poulette-Coquette.
– Le ciel. Il m'a cogné au passage.
– Je viens avec toi », dit Poulette-Coquette.

Pouce-Poussin et Poulette-Coquette se hâtèrent donc vers le palais. En chemin, ils rencontrèrent Quentin-Canard.

« Où allez-vous comme çà? demanda Quentin-Canard.
– Le ciel tombe, dit Poulette-Coquette. Nous allons prévenir le roi.
– Qui te l'a dit ? demanda Quentin-Canard.
– Pouce-Poussin.
– Qui l'a dit à Pouce-Poussin ?
– Le ciel. Il lui a cogné la tête.
– Je viens aussi », dit Quentin-Canard.

Pouce-Poussin, Poulette-Coquette et Quentin-Canard se hâtèrent donc vers le palais pour dire au roi que le ciel tombait. En chemin, ils rencontrèrent l'Oie grasse.

« Où allez-vous comme çà ? demanda l'Oie grasse.
– Le ciel tombe, dit Quentin-Canard. Nous allons prévenir le roi.
– Qui te l'a dit ? demanda l'Oie grasse.
– Poulette-Coquette.
– Qui l'a dit à Poulette-Coquette ?
– Pouce-Poussin.
– Qui l'a dit à Pouce-Poussin ?
– Le ciel. Il lui a cogné la tête.
– Je viens », dit l'Oie grasse.

Et Pouce-Poussin, Poulette-Coquette, Quentin-Canard et l'Oie grasse se hâtèrent vers le palais pour avertir le roi.

En chemin, Pouce-Poussin, Poulette-Coquette, Quentin-Canard et l'Oie grasse rencontrèrent Dindon-Dodu.

« Où allez-vous comme çà ? demanda Dindon-Dodu.
– Le ciel tombe, dit l'Oie grasse. Nous allons prévenir le roi.
– Qui te l'a dit ? demanda Dindon-Dodu.

– Quentin-Canard.
– Qui l'a dit à Quentin-Canard.
– Poulette-Coquette.
– Qui l'a dit à Poulette-Coquette ?
– Pouce-Poussin.
– Qui l'a dit à Pouce-Poussin ?
– Le ciel. Il lui a cogné la tête.
– Je viens », dit Dindon-Dodu.

Pouce-Poussin, Poulette-Coquette, Quentin-Canard, et Oie grasse, et Dindon-Dodu se pressèrent donc pour avertir le roi que le ciel tombait.

Mais en chemin, ils rencontrèrent Rusé-Renard.

« Où allez - vous comme çà ? demanda Rusé-Renard.
– Le ciel tombe. Nous allons prévenir le roi.
– Je vais vous montrer la route », dit Rusé-Renard.

Rusé-Renard accompagna donc Dindon-Dodu.
Rusé-Renard mangea Dindon-Dodu.
Rusé-Renard accompagna l'Oie grasse.
Rusé-Renard mangea l'Oie grasse.
Rusé-Renard accompagna Quentin-Canard.
Rusé-Renard mangea Quentin-Canard.
Rusé-Renard accompagna Poulette-Coquette.
Rusé-Renard mangea Poulette-Coquette.
Rusé-Renard accompagna Pouce-Poussin.
Rusé-Renard mangea Pouce-Poussin ! ! !
Il ne resta plus personne pour aller prévenir le roi, excepté Rusé-Renard lui-même.
Mais Rusé-Renard avait bien trop mangé.
Il ne pouvait plus bouger.
Alors, le roi ne sut jamais que le ciel allait lui tomber sur la tête.

Histoires à la douzaine, Textes choisis par B. & L. Untermeyer, traduction Elisabeth Gille, (édition les deux coqs d'or)

◆ ***Fiche élève 7 :***

POUCE-POUSSIN

◆ ***Fiche-maître 8 :***

TITRE : POUCE-POUSSIN

SITUATION INITIALE :

PERSONNAGE PRINCIPAL :

PROBLÈME OU ÉVÈNEMENT DÉCLENCHEUR :

PERSONNAGES QU'IL RENCONTRE :

SITUATION FINALE :

Séance 2 :

◆ *Fiche élève 8 :*

Tout à coup, un gland tombe sur sa tête.

Le renard les mange tous.

Alors, le roi ne saura jamais que le ciel allait lui tomber sur la tête.

En chemin, il rencontre :
la poule,
le canard,
l'oie,
le dindon,
le renard.

Pouce-Poussin va au marché

SÉQUENCE 3 : Reconnaître et produire une situation initiale

SÉANCE 1 :

◆ *Fiche-maître 9 :*

Le Coq qui va à Rome

Un jour, un Coq vole d'un côté, vole de l'autre et tout d'un coup va se percher sur un arbre. Il y trouve une lettre. Il l'ouvre et il lit : « Monsieur Coq, Gouverneur ! ». Il est invité à Rome par le pape. Le voilà donc parti.

Au bout d'un certain temps, il rencontre la Poule.

« Où vas-tu donc, ami coq ? lui demande la Poule.

– J'ai volé sur un arbre, j'y ai trouvé une lettre et dans cette lettre il est dit que je suis invité à Rome par le pape.

– Veux-tu regarder dans la lettre, ami, si je n'y suis pas aussi ?

– Attends un peu. »

Il ouvre la lettre, regarde, voit qu'il est écrit : *Monsieur Coq, Gouverneur ! Madame Poule, Gouvernante !*

« Viens, amie, dit-il, car tu es invitée aussi.

– Très bien. »

Les voilà partis tous les deux. Bientôt ils rencontrent l'Oie.

« Où allez-vous, ami Coq et amie Poule ?

– J'ai volé sur un arbre, répond le coq, j'y ai trouvé une lettre et dans cette lettre il est dit que nous sommes invités à Rome par le pape.

– Veux-tu regarder dans la lettre, ami, si je n'y suis pas aussi ?

– Attends un peu.

Il ouvre la lettre, regarde, voit qu'il est écrit : *Monsieur Coq, Gouverneur ! Madame Poule, Gouvernante! Madame l'Oie, Abbesse !*

– Viens, amie, dit-il, car tu es invitée aussi. »

Et les voilà en route tous les trois.

Au bout d'un moment, ils rencontrent une Cane qui leur demande où ils vont et le Coq voit qu'il est écrit dans la lettre : *Monsieur Coq, Gouverneur ! Madame Poule, Gouvernante ! Madame l'Oie, Abbesse ! Madame Cane, Comtesse !* Et il dit à la Cane de venir aussi.

Enfin, ils rencontrent un grillon qui leur demande où ils vont, et le Coq voit qu'il est écrit sur sa lettre : *Monsieur Coq, Gouverneur ! Madame Poule, Gouvernante ! Madame l'Oie, Abbesse ! Madame la Cane, Comtesse ! Monsieur le Grillon, Petit serviteur !* Et il dit au Grillon de se joindre à eux.

Ils arrivent dans une forêt et voit au loin le Loup qui vient à leur rencontre. Aussitôt, le Coq, la Poule, l'Oie et la Cane se dépouillent de leurs plumes et, chacun, de son plumage fait une maisonnette. Mais le pauvre Grillon, qui n'avait pas de plumes, se fait un trou dans le sol et se blottit tout au fond.

Le Loup arrive devant les maisonnettes de plumes. Il frappe à la porte du Coq.

« Toc toc toc!

– Qui frappe à ma porte?

– Ouvre, ouvre, c'est Moi.

– Non, je n'ouvre pas car tu me mangerais.

– Si tu n'ouvres pas, je souffle ta maison. »

Le Coq n'ouvre pas, alors le Loup souffle, les plumes s'envolent et il mange le Coq.

Il va à la maison de la Poule, la Poule n'ouvre pas ; alors le Loup souffle, les plumes volent et il mange la Poule.

Il va à la maison de l'Oie, l'Oie n'ouvre pas ; alors le Loup souffle, les plumes volent et il mange l'Oie. Puis il souffle la maison de la Cane, et il mange la Cane.

Après il va au trou du Grillon, et il souffle encore. Mais il a beau souffler, souffler, la maison du Grillon tient bon. Alors, il souffle si fort que BOUM ! il éclate. Et voilà le Loup en morceaux !

Le Coq sort de son ventre et fait Cocorico ! La Poule sort ensuite et fait Cottcottcott ! puis l'Oie qui fait Cancancan ! puis la Cane qui fait Coincoincoin !

Le Grillon en entendant ces chansons quitte son trou en faisant Cricricri ! Et tous les animaux font la ronde autour du Loup éclaté. Mais ils renoncent à leur projet d'aller à Rome et chacun rentre chez soi.

Incarnat, blanc et or et autres contes méditerranéens, Paul Delarue, (éditions Bellenand)
tiré de *À Loisir CP/CE1*, (Hachette classiques)

◆ ***Fiche élève 9 :***

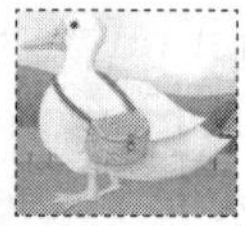

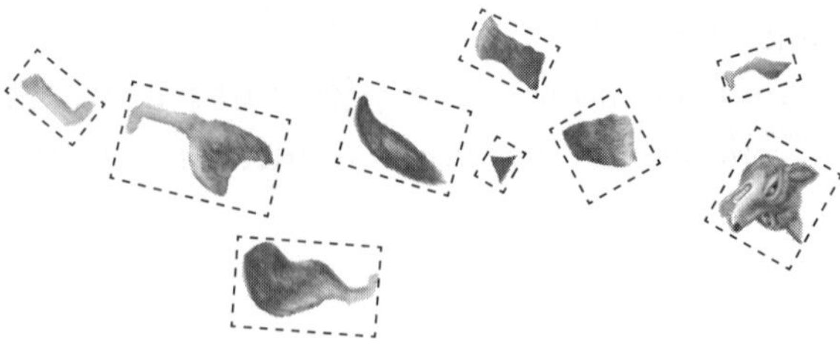

LE COQ QUI VA À ROME

Incarnat, blanc et or et autres contes méditerranéens, Paul Delarue, (éditions Bellenand)
tiré de *À Loisir CP/CEI*, (Hachette classiques)

◆ ***Fiche élève 10 :***

TITRE : LE COQ QUI VA À ROME

SITUATION INITIALE :

PERSONNAGE PRINCIPAL :

PROBLÈME OU ÉVÈNEMENT DÉCLENCHEUR :

PERSONNAGES QU'IL RENCONTRE :

SITUATION FINALE :

Incarnat, blanc et or et autres contes méditerranéens, Paul Delarue, (éditions Bellenand)
tiré de *À Loisir CP/CEI*, (Hachette classiques)

Séance 2 :

◆ ***Fiche-maître 11 :***

Le maître lit les extraits en gras et les enfants répondent en montrant leur ardoise.

Il y avait une fois un loup très maigre qui s'en allait par les champs.
Et le loup montre le pied droit à l'avant de la jument.

Un loup vraiment très bête adapté de D. Fabre et J. Lacroix,
(Presses universitaires de France),
L'oiseau – lyre CP/CE1, (Hachette classique).

Il était une fois une petite fille de village, la plus jolie qu'on eût pu voir ; sa mère en était folle et sa grand – mère plus folle encore.
Cette bonne femme lui fit faire un petit chaperon rouge qui lui allait si bien que partout on l'appelait le petit Chaperon rouge.

Le petit chaperon rouge adapté de Charles Perrault,
L'oiseau – lyre CP/CE 1, (Hachette classique).

Il était une fois un petit prince, tout habillé de velours et de soie.
Il avait les cheveux bouclés et portait une jolie épée.

Natha Caputo, (Nathan),
L'oiseau – lyre CP/CE 1, (Hachette classique).

Et là, ils vécurent longtemps, longtemps, heureux parmi leurs enfants.

Natha Caputo, (Nathan)
L'oiseau – lyre CP/CE 1, (Hachette classique).

SÉQUENCE 4 : Reconnaître et produire une situation finale

SÉANCE 1 :

◆ *Fiche-maître 12 :*

La poulette qui s'appelait Trompette

1) Il y avait une fois une poulette qui s'appelait Trompette parce que, chaque jour, elle pondait en chantant de toutes ses forces :

« Cot ! Cot ! Codett ! »

Sa maîtresse, la mère Mirette, en était très fière et elle la gâtait comme une petite reine.
Or, un matin, plus rien !
Trompette a la grippe, Trompette ne pond plus, Trompette ne chante plus.

2) La mère Mirette attend un jour, deux jours, trois jours, dix jours... Rien ! Toujours rien ! À la fin, elle se met en colère :

« Ma pauvre Trompette, tu n'es plus bonne à rien ! Ce soir, je te tuerai et demain je te mangerai. »

C'est qu'elle n'est pas commode, la mère Mirette ! ...
Trompette se met à pleurer.

3) « Sauve-toi, lui dit sa voisine. Il en est encore temps. Va donc te faire soigner par le Docteur Sanglier. Il vit là-bas, au fond des bois, près de la source Guéritout. On dit qu'il fait merveille.

– Ma foi, puisque je n'ai plus rien à perdre, j'y vais ! » dit Trompette en reprenant courage.

Et la voilà qui part, sautant et sautillant sur le chemin des bois.

4) Non loin de là, elle rencontre Clairon le Coq qui éternue et tousse, tousse et tousse encore ...

« Bonjour Clairon !

– Atchoum ! répond le coq. Pourquoi cours-tu si vite, Trompette ? Où vas-tu ?

– J'ai la grippe, je ne ponds plus, je ne chante plus. La mère Mirette voulait me tuer, mais je me suis sauvée et je vais me faire soigner par le Docteur Sanglier.

5) – Le Docteur sans quoi ?

– Le Docteur Sanglier !

– Le Docteur sans crier ?

– Non, le Docteur Sanglier !

– Le Docteur sans pitié ?

– Mais ma parole, Clairon, tu es sourd ! Je dis le Docteur San-gli-ier !

6) – Ah ! Le Docteur Sanglier ! bon, bon ... J'y suis maintenant, mais je traîne une grippe qui m'écorche les oreilles et me casse la voix. Je ne peux même plus cocoricoter et le Maître m'a chassé. J'irais bien avec toi, veux-tu ?

– Volontiers, viens Clairon ! »

Les voilà deux à présent, Trompette en tête et Clairon le Coq.

7) Ils arrivent dans le bois et rencontrent Milardou le Chat doux qui éternue et tousse, tousse et tousse encore …

« Bonjour Milardou le Chat doux !

– Atchoum ! répond le chat. Que faites-vous tous les deux sur la route ?

– Nous avons la grippe, répond Trompette, et nous allons nous faire soigner par le Docteur Sanglier.

8) – Le Docteur sans quoi ?

– Le Docteur Sanglier !

– Le Docteur sans ses pieds ?

– Non, le Docteur Sanglier !

– Le Docteur sans souliers ?

– Allons bon, tu es sourd toi aussi ! Je dis : le Docteur San-gli-ier !

9) – Ah ! le Docteur Sanglier ! Bon, bon …J'y suis maintenant, mais je traîne une grippe qui m'écorche les oreilles et me casse la voix. Je ne peux même plus miauler et le Maître m'a chassé. J'irais bien avec vous, voulez-vous?

– Volontiers, viens Milardou le Chat doux ! »

Les voilà trois à présent à la queue leu leu dans le bois, Trompette en tête, puis Clairon le Coq et Milardou le Chat doux.

10) Un peu plus loin, ils rencontrent Tounet Chien qui éternue et tousse, tousse et tousse encore …

« Bonjour Tounet Chien !

– Atchoum ! Atchoum ! répond le chien.

– Toi aussi, tu as la grippe ?

– Atchoum ! répond le chien.

– Et tu n'entends plus guère, et tu ne peux plus aboyer, et ton maître t'a chassé ?

– Atchoum ! répond encore le chien.

11) – Viens donc avec nous trois chez le Docteur Sanglier !

– Le Docteur sans quoi ?

– Le Docteur Sanglier !

– Le Docteur sans collier ?

– Le Docteur Sanglier !

– Le Docteur sans gibier ?

– Non, le Docteur San-gli-ier ! entends-tu ?

12 – Ah ! le Docteur Sanglier ! Oui, oui … je sais ! … On dit qu'il fait merveille avec l'eau de la source Guéritout. J'irais bien avec vous trois, voulez-vous ?

– Volontiers, viens Tounet Chien ! »

13) Les voilà quatre à présent à la queue leu leu dans le bois, Trompette en tête, puis Clairon le Coq, Milardou le Chat doux et Tounet Chien.

Au carrefour des chemins, ils rencontrent Barbe de Bique et Corne de Boue qui éternuent et toussent, toussent et toussent encore …

14) Trompette n'en peut rien tirer. Elle se contente de leur crier dans l'oreille :

« Nous allons chez le Doc-teur-San-gli-ier. Venez avec nous !

– À genoux ? Elle a dit : « à genoux » s'inquiète Barbe de Bique en regardant Corne de Boue.
– Mazette ! s'écrie Trompette, ils sont tous plus sourds les uns que les autres. Allez ! Venez ! Je vous emmène ! »

15) Les voilà six à présent à la queue leu leu dans le bois, Trompette en tête, puis Clairon le Coq, Milardou le Chat doux, Tounet Chien, Barbe de Bique et Corne de Boue. Enfin ils arrivent chez le Docteur Sanglier.

« Entrez, entrez mes amis. Ici on guérit sans souffrir !
– Qu'est-ce qu'il dit? se demandent les malades en tremblant.
– Ah ! je vois, c'est la grippe, les oreilles bouchées, la voix enrouée. Ce n'est pas grave ! » dit le Docteur Sanglier en conduisant les six malheureux à la source Guéritout.

16) Là, ils boivent l'eau de source tout leur content. Bientôt, ils se sentent mieux et ils se mettent à chanter. Puis, tout à fait guéris, les voilà qui dansent tandis que Trompette, à grands coups de « Cot ! Cot ! Codett ! », pond un bel oeuf pour le Docteur Sanglier.

Lily boulay, tiré de *L'oiseau lyre CP/CEI*, (Hachette classiques)

◆ ***Fiche-élève 10 :***

LA POULETTE QUI S'APPELAIT TROMPETTE

◆ ***Fiche-maître 13 :***

TITRE : LA POULETTE QUI S'APPELAIT TROMPETTE

SITUATION INITIALE :

PERSONNAGE PRINCIPAL :

PROBLÈME OU ÉVÈNEMENT DÉCLENCHEUR :

PERSONNAGES QU'ELLE RENCONTRE :

SITUATION FINALE :

SÉQUENCE 5 : Ajouter un personnage

SÉANCE 1 :

◆ *Fiche-maître 14 :*

La drôle de maison

D'une voiture, tomba un jour une grosse cruche qui roula jusque dans un champ. Passe en trottinant une petite souris. Elle aperçoit la cruche.

« Oh ! la jolie maison, pense-t-elle. Qui peut bien y habiter ? Cruchon, cruchette, qui habite dans la cruche ? »

Personne ne répond.

La souris pousse alors son museau dans la cruche : elle ne voit rien.

« Eh bien, donc, dit-elle, je vais y habiter moi-même. »

Et la voilà qui s'installe.

Passe en sautant une petite grenouille.

« Oh ! La jolie maison, dit-elle. Cruchon, cruchette, qui habite dans la cruche ?

– Moi, la souris grise. Et toi, quelle bête es-tu ?

– Je suis la grenouille qui se mouille…

– Eh bien, entre, on va vivre ensemble, dit la souris.

– Avec plaisir », répond la grenouille.

Et la grenouille entre dans la cruche pour vivre avec la souris.

Un lièvre passe tout courant.

« Oh ! la jolie maison, dit-il. Cruchon, cruchette, qui habite dans la cruche ?

– Moi, la grenouille qui se mouille, avec la souris grise. Et toi, qui es-tu ?

– Je suis le lièvre et je cours aussi vite que le vent. On peut entrer ?

– Tu peux entrer et tu peux rester. Il y a de la place ! »

Les voilà trois dans la cruche, quand passe le renard.

« Oh ! la jolie maison, dit le renard. Cruchon, cruchette, qui habite dans la cruche ?

– Moi, coasse la grenouille. Il y a aussi la souris grise et le lièvre rapide comme le vent. Et toi, qui es-tu ?

– Je suis le renard à la queue touffue …

– Eh bien, viens avec nous, reprit la grenouille.

– Entendu », dit le renard.

Et les voilà quatre dans la cruche.

Le loup s'approche à son tour, méfiant, la queue basse.

« Oh ! la jolie maison, dit-il. Cruchon, cruchette, qui habite dans la cruche ?

– Moi, dit le renard, avec le lièvre aussi rapide que le vent, la souris grise et la grenouille qui se mouille. Et toi, comment t'appelles-tu ?

– Je suis le loup gris des taillis…

– Viens avec nous !

– Bien », dit le loup.

Et les voilà cinq dans la cruche.

Ils vivaient là, tous en paix, quand arriva l'ours.

« Oh ! la drôle de maison, grogna-t-il. Cruchon, cruchette, qui habite dans la cruche ?
– Nous sommes toute une bande, cria la souris de sa petite voix pointue ; il y a le renard à la queue touffue, avec la grenouille qui se mouille, et le loup gris des taillis, et le lièvre aussi rapide que le vent, et moi, la souris grise. Mais toi, qui es-tu ?
– Je suis l'ours velu …
– Viens avec nous ! crièrent-ils tous.
– Non, je suis bien trop gros », répondit l'ours.

Et ce lourdaud, s'asseyant sur la cruche, la mit en morceaux.

Et tous les habitants de la cruche se sauvèrent dans toutes les directions.

Contes des quatre vents, Natha Caputo, (Nathan)

◆ ***Fiche-élève 11 :***

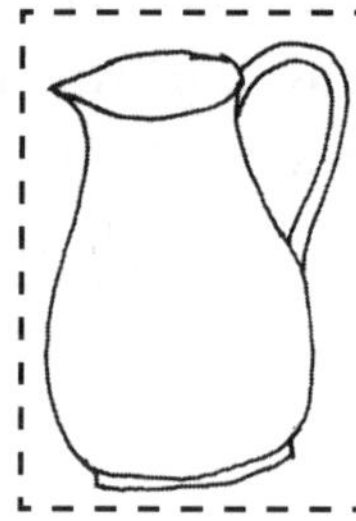

LA DRÔLE DE MAISON

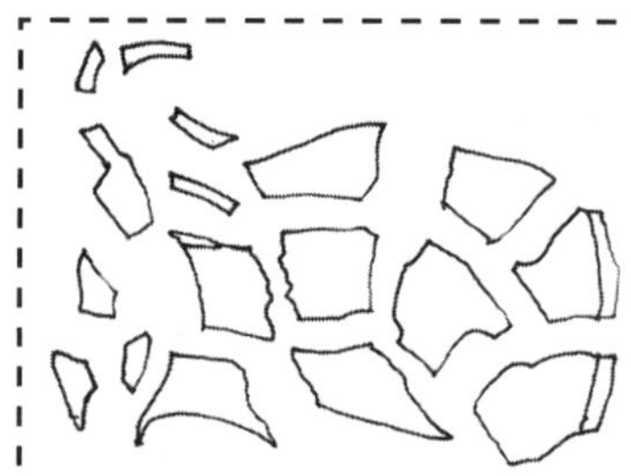

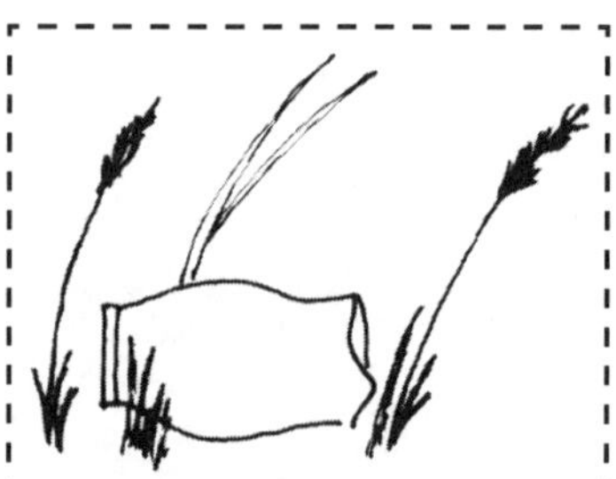

◆ ***Fiche-maître 15 :***

TITRE : LA DRÔLE DE MAISON

SITUATION INITIALE :

PERSONNAGE PRINCIPAL :

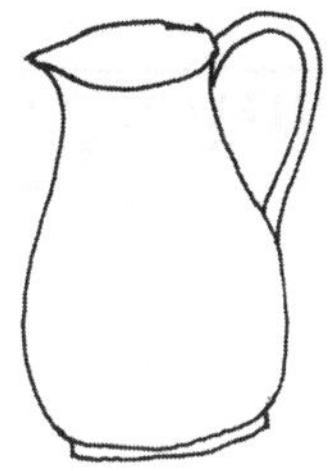

PROBLÈME OU ÉVÈNEMENT DÉCLENCHEUR :

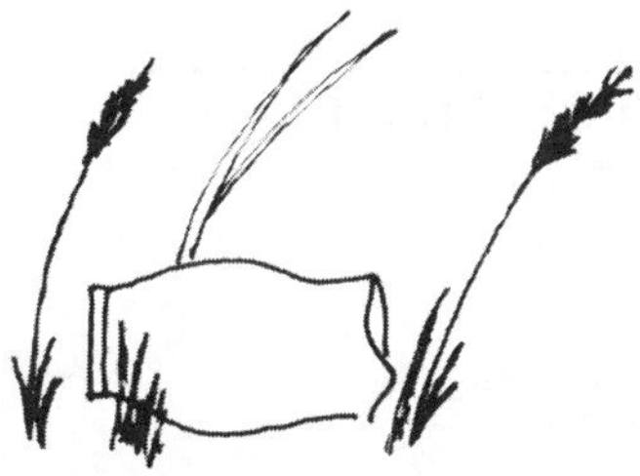

PERSONNAGES QUI ENTRENT DANS LA CRUCHE :

SITUATION FINALE :

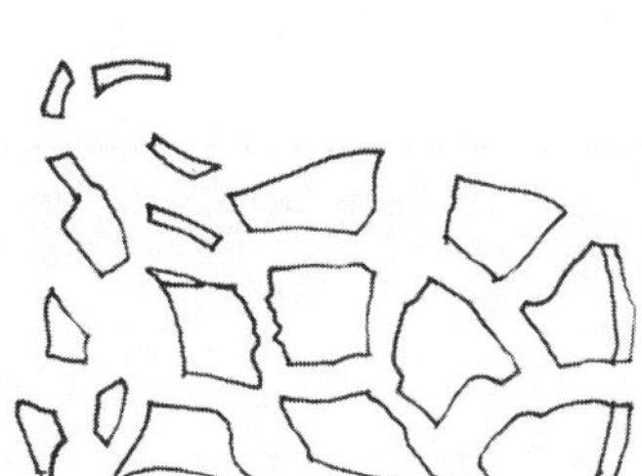

SÉQUENCE 6 : Production collective d'un conte de randonnée

◆ *Fiche-élève 12 :*

<table>
<tr><td colspan="2">TITRE :</td></tr>
<tr><td>SITUATION INITIALE :</td><td>PERSONNAGE PRINCIPAL : </td></tr>
<tr><td colspan="2">PROBLÈME OU ÉVÈNEMENT DÉCLENCHEUR :</td></tr>
<tr><td colspan="2">PERSONNAGES QU'IL RENCONTRE :
   </td></tr>
<tr><td colspan="2">SITUATION FINALE :</td></tr>
</table>

◆ *Fiche maître 16 :*

GRILLE DE RELECTURE POUR LA PRODUCTION FINALE

L'histoire :

☐ Il y a un titre.

Les quatre parties :

Dans la première partie :

☐ Le héros est présenté.
☐ Le lieu où se passe l'histoire est indiqué.
☐ Le moment de l'histoire est indiqué.

Dans la deuxième partie :

☐ Le problème est posé.

Dans la troisième partie :

☐ Le héros rencontre au moins trois personnages.
☐ Les personnages s'ajoutent les uns aux autres.

Dans la quatrième partie :

☐ Le héros a résolu son problème.

Le texte et les phrases :

☐ Il y a une « formulette ».
☐ Il y a des petits mots qui font avancer l'histoire.
☐ Les répétitions sont évitées.
☐ Les phrases commencent par une majuscule et se terminent par un point.

SÉQUENCE 7 : Évaluation

SÉANCE 1 :

◆ *Fiche-maître 17 :*

Farigoulette

1. « Je m'appelle Farigoulette. Sais-tu qui je suis ?
Je suis un animal, j'ai quatre pattes avec des griffes
et pourtant je ne griffe pas.
As-tu trouvé ? Écoute encore.

2. J'ai un bec dur, je n'ai pas de dents. Je dors tout
l'hiver, enfermée dans ma maison. Quand il
commence à faire beau, au printemps, je mets
la tête dehors. Je suis maigre et j'ai très faim.
Alors, je me régale de salade, d'herbe et
de fraises.

3. Maintenant, tu as certainement trouvé.
Je peux te dire aussi que j'ai une carapace
très dure et très solide : c'est ma maison.
Tu n'as pas encore trouvé ! Oh ! vraiment, tu es
encore plus lent que moi ! ».

La clé des champs, Jacqueline Buisson, (Armand Colin)

◆ ***Fiche-maître 18 :***

L'ÉNORME RUTABAGA

Un jour, le vieux Mathurin sema une petite graine.
La petite graine
germa,
grandit,
poussa,
devint
un grand, UN GROS, UN ÉNORME RUTABAGA.

Mathurin voulut l'arracher.
Il le tira, tira, tira, par ses feuilles vertes, … sans résultat.

Il alla chercher Mathurine.
Mathurine tire Mathurin, Mathurin tire le grand, LE GROS, L'ÉNORME RUTABAGA.
Ils tirent, ils tirent, ils tirent, ... sans résultat.

Mathurine va chercher la petite Célestine.

Célestine tire Mathurine, Mathurine tire Mathurin, Mathurin tire le grand, LE GROS, L'ÉNORME RUTABAGA. Ils tirent, ils tirent, ils tirent,... sans résultat.

Célestine va chercher le chien.

Le chien tire la robe de Célestine, Célestine tire Mathurine, Mathurine tire Mathurin, Mathurin tire le grand, LE GROS, L'ÉNORME RUTABAGA. Ils tirent, ils tirent, ils tirent,... sans résultat.

Le chien va chercher le chat.

Le chat tire la queue du chien, le chien tire la robe de Célestine, Célestine tire Mathurine, Mathurine tire Mathurin, Mathurin tire le grand, LE GROS, L'ÉNORME RUTABAGA. Ils tirent, ils tirent, ils tirent, ... sans résultat.

Le chat va chercher le rat.

Le rat tire la queue du chat,
le chat tire la queue du chien,
le chien tire la robe de Célestine,
Célestine tire Mathurine,
Mathurine tire Mathurin,
Mathurin tire,
le grand, LE GROS, L'ÉNORME RUTABAGA.

Ils tirent, ils tirent, ils tirent...

Ils tirèrent tous si bien,

Qu'ils l'arrachèrent,

Et tombèrent TOUS par terre !

Contes des quatre Vents, Transposé du russe par Natha CAPUTO, (Fernand Nathan)

◆ ***Fiche-maître 19 :***

QUI FRAPPE À MON CARREAU ?

Ce n'est pas moi, dit le chat,
Ce n'est pas moi, dit le rat.

Ce n'est pas moi, dit le roitelet,
Ce n'est pas moi, dit le poulet.

Ce n'est pas moi, dit le dindon,
Ce n'est pas moi, dit le pinson.

Ce n'est pas moi, dit le taureau,
Ce n'est pas moi, dit le blaireau

Ce n'est pas moi, dit la bichette,
Ce n'est pas moi, dit la rainette.

Ce n'est pas moi, dit le toutou,
Ce n'est pas moi, dit le coucou.

C'est moi,
Qui frappe, dit la pluie,
Ouvrez-vite vos parapluies !

***Cent histoires à lire aux enfants*, adaptées par Marcelle VÉRITÉ, (Éditions Gautier-Languereau)**

Séance 2 :

◆ ***Fiche élève 13 :***

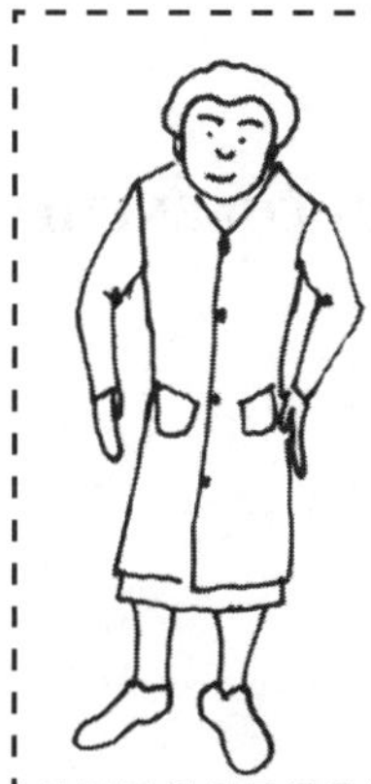

SÉANCE 3 :

◆ *Fiche-élève 14 :*

TITRE :

SITUATION INITIALE :

PERSONNAGE PRINCIPAL :

PROBLÈME OU ÉVÈNEMENT DÉCLENCHEUR :

PERSONNAGES QU'IL RENCONTRE :

une biche

un faon

un sanglier

un cerf

SITUATION FINALE :

Bibliographie

M. BRIGAUDIOT, *Apprentissages progressifs de l'écrit à l'école maternelle*, - INRP Hachette Éducation, 2000.

M. BRIGAUDIOT, *Première maîtrise de l'écrit : CP, CE1, secteur spécialisé,* INRP Hachette Éducation, 2004.

A. M. CHARTIER, C. CLAISSE, C. HÉBRARD, *Lire, écrire, produire des textes*, Hatier, 1988.

C. GARCIA-DEBANC, « Intérêt des modèles du processus rédactionnel pour une pédagogie de la lecture et de l'écriture », *Revue Pratiques, n°49*, CRESEF, mars 1986.

F. PICOT, *S'engager dans l'écrit*, SCEREN CRDP Champagne-Ardenne, janvier 2003.

Qu'apprend-on à l'école maternelle ? Nouveaux programmes 2002, XO - SCEREN CNDP.

Qu'apprend-on à l'école élémentaire? Nouveaux programmes 2002, XO - SCEREN CNDP.

M. COTTIER, M. HOSSENLOPP, *50 activités pour dire, lire, écrire*, SCEREN CRDP Auvergne, 2002.

Y. JOUAN, G. LOSTIE, *Savoir parler pour lire et pour écrire*, SCEREN CRDP des Pays de la Loire, 2002.

C. ORIOL-BOYER, *Lire-écrire avec des enfants,* Bertrand-Lacoste - SCEREN CRDP de Midi-Pyrénées, 2002.

C. TEXEDRE, *Arts visuels et jeux d'écriture,* SCEREN CRDP Poitou-Charentes, 2004

C. GARCIA-DEBANC, L. PLANES, C. ROGER, *Objectif écrire 2000 3e édition*, SCEREN CRDP Languedoc-Roussillon, 2002.

Table des matières

Collection Outils pour les Cycles

Ouvrages parus

Cycle 1

Repères Temporels au Cycle 1, Novembre 2001, CRDP du Nord – Pas-de-Calais

À la Découverte du Monde vivant au Cycle 1, Juin 2002, CRDP du Nord – Pas-de-Calais

Apprendre en Éducation Physique au Cycle 1 - Tome 1, Avril 2004, CRDP du Nord – Pas-de-Calais

Apprendre en Éducation Physique au Cycle 1 - Tome 2, Décembre 2004, CRDP du Nord – Pas-de-Calais

Cycle 2

Bâtir une Grammaire au Cycle 2, Avril 2000, CRDP du Nord – Pas-de-Calais

Arts plastiques au Cycle 2, des matériaux à l'œuvre, Janvier 2001, CRDP du Nord – Pas-de-Calais

Pratiquer la Langue orale au Cycle 2, Janvier 2003, CRDP du Nord – Pas-de-Calais

Préparer à l'Histoire au Cycle 2, Janvier 2003, CRDP du Nord – Pas-de-Calais

S'engager dans l'Écrit au Cycle 2, Janvier 2003, CRDP de Champagne – Ardenne, CDDP de la Marne

Les Manifestations de la Vie au Cycle 2, Janvier 2003, CRDP du Nord – Pas-de-Calais

Poèmes à aimer, Poèmes à créer au Cycle 2, Janvier 2005, CRDP du Nord – Pas-de-Calais

Écrire plus tôt au Cycle 2, Février 2005, CRDP de Champagne – Ardenne, CDDP de la Marne

Cycle 3

Travaux géométriques au Cycle 3, Février 2000, CRDP du Nord – Pas-de-Calais

La Prise de Notes : un Défi au Cycle 3, Janvier 2001, CRDP du Limousin

Activités numériques au Cycle 3, Février 2001, CRDP du Nord – Pas-de-Calais

Introduire la Littérature au Cycle 3 : l'Autobiographie, Janvier 2003, CRDP de Languedoc – Roussillon

Anglais au Cycle 3, Septembre 2003, CRDP de Languedoc – Roussillon

Questionner des Albums en Espagnol au Cycle 3, Septembre 2004, CRDP de Languedoc – Roussillon

Entrer en Littérature au Cycle 3, Août 2003, CRDP du Nord – Pas-de-Calais

Séquences de Lecture, tome 1, CE2-CM1 : un titre, une démarche pour chaque genrre en Cycle 3 - Tome 1, Octobre 2003, CRDP de Champagne – Ardenne

Enseigner l'Histoire au Cycle 3 – Tome 1, Mars 2004, CRDP du Nord – Pas-de-Calais

Enseigner l'Histoire au Cycle 3 – Tome 2, Juin 2004, CRDP du Nord – Pas-de-Calais

Enseigner l'Histoire au Cycle 3 – Tome 3, Septembre 2004, CRDP du Nord – Pas-de-Calais

Découvrir le Corps Humain au Cycle 3, tome 1, Avril 2005, CRDP du Nord – Pas-de-Calais

À paraître

Lecture littéraire au Cycle 3, CRDP de Bretagne

Le Monde du Vivant au Cycle 3, CRDP du Centre

Séquences de Lecture, CM1-CM2 : un titre, une démarche pour chaque genre en Cycle 3 - Tome 2, CRDP de Champagne – Ardenne

Langue orale au Cycle 1, CRDP du Nord – Pas-de-Calais

Des situations pour l'apprentissage du nombre au Cycle 1, CRDP de Champagne – Ardenne, CDDP de la Marne